朝鮮獨立運動史

최남선 한국학 총서 19

조선독립운동사

최남선 지음

이영화 옮김

景仁文化社

• 목 차 •

조선독립운동소사(朝鮮獨立運動小史) ⸺⸺⸺⸺⸺⸺⸺⸺⸺

조선독립운동소사

(朝鮮獨立運動小史)

서언

조선 독립 운동사는 마땅히 주도면밀한 시설 하에 고수의 대문장을 빌어서 천하와 후손에게 환히 전해야 할 것이다. 나처럼 미숙하고 둔한 사람이 구차하게 두찬(杜撰)할 일은 물론 아니다. 하물며 재료가 완비되어 있지 못하고 전해들은 것이 사실이기 어려운 오늘에 태반을 기억에 힘입는 터에서랴.

그러나 대업(大業)이 바야흐로 이루어지니 그것이 열리고 펴진 연유를 알고자 하는 것은 진실로 국민의 상정(常情)이다. 이에 대한 방편을 나에게 의논하는 이가 적지 않은 것 또한 전생의 인연이 없다 할 수 없다.

이에 급히 간략하게 이 한 편을 만들어서 급한 대로 한때의 수요에 부응할까 한다. 주제넘고 낯 두껍다는 꾸지람은 진실로 내가 바라는 바이나, 다행히 식자들이 버리지 않아 나로 하여금 잘못을 바로잡고 아닌 것을 고칠 수 있는 혜택을 입게 한다면, 그 행운이 다만 나 한 사람에 그칠 것이 아니다.

이것은 진실로 하나의 소사(小史)이다. 그러나 민족 운동에 있어서 단합이 얼마나 복(福)이고, 분열이 얼마나 화(禍)인지를 족히 여기서 경험하며, 한 민족의 운동이 따로 있는 것이 아니라 실상 전 세계의 시운에 달려 있다는 걸 족히 여기서 증명할 것이다. 이 편 (篇)을 손에 드는 이는 이 점에 대해 깊이 마음을 써야 할 것이다.

해방된 해 동짓달 스무여드렛날 적다

제1장 병합 과정

지도를 펴놓고 보면 조선 반도가 대륙의 젖꼭지와 같고, 활 모양의 섬나라 일본이 젖먹이처럼 거기에 매달리려는 형세로 되어 있는 것을 살필 수 있을 것이다. 조선과 일본의 2천 년 교섭사는 실로 이러한 지정학적 약속에 따라 그때그때의 동태에 벗어나 있지 않다.

평화적인 관계일 때는 일본이 이 젖꼭지를 물고 대륙의 문화를 흡수하고 물자를 이용하고, 침략적 갈등 관계일 때는 젖꼭지를 놓치고 마음대로 물지 못하는 때에 보채고 떼쓰고 혹은 발버둥질치는 것일 따름이다. 할 수 있으면 이 어버이의 훗훗한 품속에 파고들어앉아서 빨 수 있는 영양소를 실컷 빨아 먹어 보겠다는 것은 곧 일본이 조선을 향해 가끔 독이빨과 흉악한 손톱으로 덤비는 이유이었다.

이제 두 민족 항쟁의 전 과정을 돌아볼 필요는 없다. 다만 일본이 서양 문명의 세례를 받고 근대적 제도를 정비하게 된 메이지(明治) 유신 이후의 조선에 대한 정책을 더듬어 보겠다. 일본은 당초에는 서양 세력의 동양 침략에 대한 선각자로서 한·청 양국을 유도하여, 크게 보전하고 합함으로써 대세를 모두 같이하자는 게 주된 조류이었다.

그러다가 1894년 청일 전쟁과 1900년 북청 사변(北淸事變)에서 군사적 자신감을 얻자 동양에서의 제국주의 각축장 속의 일원이 되고자 스스로 노력하였다. 러시아와 싸워 이기게 되면서는 세계 대강국의 대열에 들었다는 긍지를 갖게 되어 동양 여러 나라가 다시 안중에 없었다.

제1차 대전과 러시아 혁명 등으로 인한 국제적 정세는 일본이 동양에서의 특수한 지위를 주장할 만한 간극을 주었다. 드디어 동양을 농단하기 위해서는 열강과의 대립도 사양하지 않겠다는 의기(意氣)를 가지기에 이르렀다. 그래서 똑같이 동양 평화를 주장하는 것이어도, 전날에는 일본의 자위상 한·청의 안위를 모르는 체할 수 없다던 것이었지만, 후에는 동양은 내 집안 대바구니 속의 물건인데 나 말고 누가 감히 흑책질을 한다는 말이냐의 의미로 변하였다.

이미 동양 전체를 이쯤 생각해 보면, 일본의 조선에 대한 심사가 어떻게 이리저리 달라져 왔는지는 따로 문제 삼을 것도 없다. 이러한 정세 속에서 조선은 매무시 허소한 새색시가 가슴을 헤치고 유방을 내놓고 빨아 먹으려거든 마음대로 빨아먹고 온통 집어삼키려면 그렇게라도 해라 하고 있었으니 바드럽지 않겠는가.

일본이 조선과 맨 처음 근대적 외교 관계를 맺은 것은 고종 3년(1876)에 맺은 수호 조약이다. 조약 제1관은 이렇다.

조선국은 자주 국가로서 일본국과 평등한 권리를 보유한다. 이후로 양국이 화친의 성실을 표하려 할 때에는 모름지기 피차 동등한 예의로써 서로 대우하며, 추호도 침략하거나 시기하여서는 안 된다. 마땅히 먼저 종전의 교정(交情)을 가로막는 우환이 되던 모든 예규를 일절 혁파하고, 힘써 너그럽고 널리 퍼질 법을 열고 확대하여 서로 영원히 안녕하기를 기약한다.

강화도 조약 회담 장면
일본의 무력 시위 속에 체결된 강화도 조약 회담시 조선측 대표는 신헌(申櫶), 일본측 대표는
구로다 기요다카(黑田清隆)였다.

조약은 조선이 자주 독립국임을 천명하는 데 주안점을 두고 있
으며, 이 뒤에 일본은 기회 있을 때마다 이 점을 과시하였다. 더욱
이 1984년 청나라에 대한 선전 포고 조서의 주된 뜻이 이미 조선
은 하나의 독립국인데 청나라가 내정에 간섭하여 독립을 위태롭게
하는 것은 묵시할 수 없다고 한 것처럼, 청일 전쟁은 온전히 조선
독립을 돕기 위한 의로운 전쟁이라 하였다. 개전 직후 조선·일본
간의 잠정 합동 조관에 먼저,

　一. 일본 정부는 본디 조선을 찬조하여 독립 자주의 업(業)을 성취하
　게 하기를 희망한다. 장래에 조선국의 독립 자주를 공고하게 할 사무에
　관하여 양국 정부로부터 위원을 보내 회동하여 의정(議定)한다.

하는 취지를 밝혔다. 이어 체결된 조일 동맹 조약(1894년 7월 26일)에
는 제1조에 "이 맹약은 청나라 병사를 조선국의 국경 밖으로 철퇴
시켜서 조선국의 독립 자주를 공고하게 하고, 조일 양국의 이익을
증진함으로써 목적함"임을 특별히 전제하였다. 이듬해 1895년에

는 시모노세키에서의 강화 조약에도 제1조에 "청국은 조선국의 완전무결한 독립 자주국임을 확인함"을 분명히 내걸어 반복하여 분명하다고 하였다.

우리 광무 6년(1902) 1월의 영일 동맹 조약에도 역시 제1조에, "양 체결국은 피차 서로 청국 및 한국의 독립을 승인하였음으로 해당 두 나라 중의 어디든지 전혀 침략적 추세에 위협받는 일이 없을 것을 성명한다."함을 먼저 표시하여 그 근본 요령을 밝혔다.

광무 2년(1898) 4월의 러일 의정서에도 또한 제1조에, "러일 양제국 정부는 한국의 주권과 완전한 독립을 확인하고, 또 피차간 한국의 내정에는 도틀어 직접적인 간섭을 더하지 않기로 약정함"을 원칙으로 하였다.

그 뒤 광무 8년(1904)에 일본이 러시아와 개전한 이유는, 전년 이래로 "한 · 청 양국의 독립과 영토 보전을 존중할 것"을 기초 조건으로 하여 담판하여 오던 것이 여의치 못하고, 도리어 러시아가 만주와 동양 해상에 군비를 증강하고 한국의 용암포에 각종 시설을 하는 것은 한국 독립과 거기에 의존하는 일본이 묵시할 수 없음에 있다고 하였다. 그리고 일본은 선전 포고 조서에서

일본이 한국의 보전에 치중하는 것은 하루 만에 생긴 연고가 아니다. 이는 양국 누대의 관계에서 기인할 뿐 아니라, 한국의 존망은 실로 제국 안위가 달린 일이기 때문이다. 그런데 러시아는 청국과의 맹약(明約)과 열국(列國)에 대한 누차의 선언에도 불구하고, 의연히 만주를 점거하여 갈수록 그 상황을 공고하게 하여 마침내 이를 병탄하려 한다. 만일 만주가 러시아의 영유로 돌아간다면 한국의 보전을 지탱할 도리가 없으며, 극동의 평화 또한 바랄 수 없다.

일본으로서는 타협으로 시국을 수습하려 하였건만, 러시아는 한갓 시일을 지체할 뿐이고 인정할 만한 성의가 없다. 한국의 안전은 바야흐

로 위급에 임박하고, 일본의 이
익은 장차 침박(侵迫)될 형편에
있다. 일이 이미 이에 이르렀으
니, 일본이 평화의 교섭에 의하
여 구하려 한 장래의 보장은 금
일에 이를 군기(軍旗)와 북 사이
에서 구할 수밖에 없다(일부는 뜻
을 취함).

용암포
1903년 러시아는 용암포를 강제 점령
하고 조차를 강요하였다. 이 사건은 이
듬해 러일전쟁을 촉발시키게 된다.

고 함은 왕의 단호한 말에 나타난 바이다. 개전 직후(1904년 2월 23
일)에 체결된 한일 의정서의 가운데에,

제2조 대일본제국 정부는 대한제국 황실을 확실한 친의(親誼)로써 안전
강녕(康寧)하게 할 것.
제3조 대일본제국 정부는 대한제국의 독립과 영토의 보전을 확실히 보
증할 것.

으로 되어 있어, 나라간의 견고한 약속을 움직일 수 없는 바이다.
이렇게 1876년 이후 30년간에 일본이 마치 한국 독립을 보장하기
위해 존재한다고 세계를 향하여 맹세한 것은 몇 번인지 헤아릴 수
없을 만하다.
　그런데 러시아와의 정쟁 국면이 적이 좋은 결과를 얻게 되자 이
미 흉험한 뱃속을 드러내기 시작하였다. 국권의 침해를 자행하여
의정서 체결 반 년 만에 다시 협약 3조로 재정 · 외교 · 군사 · 교육
· 행정 등에 자기들 사람을 고문이란 이름으로 배치하여 실권을
장악하고 이어 통신 기관을 강점하였다. 1905년에 전쟁에서 승리
하고 9월 5일에 포츠머드에서 강화 조약을 체결하니, 그 조약문 제

2조가 일본이 한국에서 정치·군사·경제에서 특수한 이익을 갖겠다고 한 것이다.

이보다 먼저 8월 12일에 체결한 제2차 영일 동맹에도 일본이 한국에 대하여 우월한 이익을 가진다는 조항을 넣었다. 마치 일본은 다만 한국을 거두어 가지면 만사 끝이라는 것 같았다. 이에 전승의 위세에 기대어, 11월에 추밀원 의장 이토 히로부미(伊藤博文)가 오고, 18일에 제2차 협약을 강제로 체결함으로써 이제부터 한국이 일본의 보호 하에 들게 되었다.

한일 협상 조약(을사보호조약)

일본국 정부와 한국 정부는 두 제국을 결합하는 이해 공통의 주의를 공고하게 하고자 하여, 한국이 부강의 실(實)을 가지게 될 때까지 이 목적으로써 아래와 같이 조관(條款)을 약정함.

제1조 일본국 정부는 도쿄에 있는 일본 외무성을 경유하며 금후 한국의 외국에 대한 관계와 사무를 감리 지휘하고 일본국의 외교 대표자와 영사는 외국에 있는 한국의 신민 및 이익을 보호할 일.

제2조 일본국 정부는 한국과 타국 간에 현존하는 조약의 실행을 완전히 하는 임무를 맡고, 한국 정부는 금후에 일본국 정부의 중개에 경유하지 않고서는 국제적 성격을 가진 어떠한 조약이나 또 약속을 하지 않기로 서로 약속함.

제3조 일본국 정부는 그 대표로 하여 한국 황제 폐하의 대궐 아래에 통감 1인을 두되, 통감은 오로지 외교에 관한 사항을 관리하기 위하여 경성에 주재하고, 친히 한국 황제를 알현하는 권리가 있음. 일본국 정부는 또 한국의 각 개항장과 기타 일본 정부가 필요하다고 인정하는 땅에 이사관(理事官)을 두는 권리를 가지며, 이사관은 통감의 지휘 하에서 종래 재한국 일본 영사에게 속하였던

덕수궁 중명전(서울 중구)
1901년 지어진 황실 도서관으로 처음 이름은 수옥헌이었으나 이후 외국 사절 접견실로 사용되었다. 을사보호조약이 체결된 곳이다.

일체 직권을 집행하고, 아울러 본 협약의 조관을 완전히 실행함을 위하여 필요로 하는 일체 사무를 관리할 일.

제4조 일본국과 한국 간에 현존한 조약과 약속은 본 협약 조관에 저촉되지 않는 한 모두 그 효력을 계속하는 것으로 함.

제5조 일본국 정부는 한국 황실의 안녕과 존엄을 유지함을 보증함.

위의 증거로 하여 아래 사람들은 각기 본국 정부에서 상당한 위임을 받아 본 협약에 이름을 기록하고 조인함.

광무 9년 11월 17일
외부대신 박제순
메이지 39년 11월 17일
특명전권공사 하야시 곤스케(林權助)

이 조약이 발표되자, 일본의 이른바 한국 독립이란 것은 결국 저

민영환
1905년 을사보호조약이 체결되자, 죽음으로 항거하여 국민을 각성하게 할 것을 결심, 자결하였다.

희 실력이 이를 병탄하기에 족할 만할 때까지만 남이 손을 대지 못하게 한다는 것을 누구나 다 인식하게 되었다. 그리하여 인심의 격앙이 비길 데 없으며 반대 운동이 위아래가 하나 되어 맹렬히 일어났다.

체결 당시의 우리 정부 수반은 참정대신 한규설(韓圭卨)이었는데, 조약의 불가를 강력히 주장하며 굽히지 않자 정신 이상이라 하여 관직을 빼앗았다. 시종무관장 민영환(閔泳煥)을 수반으로 하는 진신소청(搢紳疏廳)이 앉아서 여러 날 황제께 조약 폐기를 요청하다가 얼른 들어주지 않자, 그달 30일에 민영환이 국민에게 대한 경고문을 써서 남기고 자결하여 자신의 뜻을 내보였다.

이에 특진관 조병세(趙秉世) 이하 수많은 신하들이 이를 따라 절사(節死)하였고, 조약에 서명한 각부 대신에게는 살해 의거가 뒤를 이으며, 또 온 나라 각처에서 의병이 일어나 국권 회복을 꾀하였고 수년이 지나도 진정되지 않았다.

민영환의 국민에게 고하는 글

오호라, 나라와 민족의 치욕이 여기에까지 이르렀구나. 생존 경쟁이 심한 이 세상에서 우리 인민은 장차 어찌 될 것인가. 무릇 살기를 원하는 사람은 반드시 죽고 죽기를 기약하는 자는 삶을 얻을 것이다. 여러분들이 어찌 이를 헤아리지 못하는가. 나 영환은 한 번 죽음으로써 황은(皇恩)을 갚고 우리 2천만 동포 형제들에게 사죄하려 한다. 영환은 죽어도 죽지 않고 구천에서 그대들을 돕기를 기약한다.

바라건대 우리 동포 형제여, 천만 배나 분려(奮勵)를 더하여 지기(志氣)를 굳게 하고 학문에 힘쓰며, 마음을 모으고 힘을 아울러 우리의 자유 독립을 회복하라. 그러면 죽은 자는 지하에서 기꺼이 웃겠다. 오호라, 조금도 실망하지 말라. 우리 대한제국 2천만 동포에게 마지막으로 고하노라.

민영환이 각 공관에 부친 유서

영환이 나라를 잘못 다스려 국세와 민계(民計)가 마침내 이런 지경에 이르렀으니, 오직 이 한 목숨 바쳐서 황은에 보답하고 지금 우리 2천만 동포에게 사죄한다. 죽는 자는 그만이거니와 우리 2천만 인민이 장차 생존 경쟁 속에서 모두 멸망되고 말 것이다.

귀 공사(公使)들은 어찌 일본의 행위를 헤아리지 못하는가? 귀 공사 각하는 천하 공의(公議)를 소중히 여겨 돌아가서 귀국 정부와 인민에게 보고하여, 우리 인민의 자유와 독립을 도와주면 죽는 자 마땅히 기뻐 웃으면서 어두운 저승에서 받은 은혜를 고맙게 여길 것이다. 아! 각하는 부디 우리 대한을 가볍게 보고 우리 인민의 혈심(血心)을 오해하지 말기를 바란다.

원래 청일 전쟁 이후의 동양 평화 내지 한·청 보전(保全)이란 것은, 요컨대 일본·러시아·영국 3국의 세력 균형 관계를 기조로 하는 것으로, 한번 일본이 영국과 타협하고 러시아를 제압한 다음에는 제멋대로 하여 거리낌이 없고 필연적으로 독수(毒手)가 먼저 조선에 닥쳐올 형세이었다.

그런데 우리 편에는 조정의 혼폐가 여전하며 인민은 완고하고 미욱하여 구태에 의존하니, 약간 우국지사가 분주하게 방책을 세

헤이그 특사
좌로부터 이준, 이상설, 이위종
네덜란드 헤이그에서 열린 만국평화회
의에 을사조약의 부당함을 알리기 위해
고종이 파견한 특사이다. 이 사건으로
고종은 퇴위 당했다.

워보려 하지만 날로 쇠퇴하는 형세를 만회하기에는 힘이 너무 미약함을 어찌 할 것인가.

광무 11년(1907) 1월에 고종 황제는 을사보호조약이 당신이 승인한 것이 아니므로 여러 나라의 공동 보호를 구한다는 친서를 영국인이 발행하는 『대한매일신보』에 발표하였다가 일본이 이를 취소하게 하였다.

이어 6월에 네덜란드 헤이그에서 만국 평화 회의가 열리자, 황제는 다시 이상설(李相卨)·이준(李儁)을 보내 이른바 협약이 근거가 없음을 설명하게 하였다. 일본이 이를 탈잡아서 마침내 황제를 퇴위시키고 순종 황제를 옹립하여, 즉시 신약(新約) 7조를 억지로 체결하여 우리의 정치를 전면적으로 저희 손바닥 안으로 가져가 버렸다.

이에 경성 시내의 인심은 극도로 분출하였다. 친일파 일진회의 기관 신문사가 파괴되고, 총리 이완용의 집이 불타고, 비분의 회합이 사방에서 일어나고, 전동에 있는 시위대는 병영에서 빠져나와 일본인을 사격하고, 시민은 일제히 철시하는 등 마침내 전 경성이 항전 상태에 빠졌다. 이 기별이 지방으로 전하는 대로 온 거리마다 마을마다 곡소리와 슬픔의 빛이 삼천리에 이어졌다.

한일신협약(소위 7조약)

일본국 정부와 한국 정부는 속히 한국의 부강을 꾀하고 한국민의 행복을 증진하고자 하는 목적으로 아래와 같은 사항을 약정함.

제1조 한국 정부는 시정 개선에 관하여 통감의 지도를 받을 일.

제2조 한국 정부의 법령 제정 및 중요한 행정상의 처분은 미리 통감의 승인을 요청할 일.

제3조 한국의 사법 사무는 보통 행정 사무와 이를 구별할 일.

제4조 한국 고등 관리의 임면은 통감의 동의로써 이를 행할 일.

제5조 한국 정부는 통감이 추천한 일본인을 한국 관리에 임명할 일.

제6조 한국 정부는 통감의 동의 없이 외국인을 용빙하지 아니할 일.

제7조 메이지 37년 8월 22일에 조인한 일한 협약 제1항을 폐지할 일.

위의 내용을 증거로 하여 아래 사람들은 각 본국 정부로서 상당한 위임을 받아 본 협약에 기명 조인함.

광무 11년 7월 24일

내각총리대신 훈2등 이완용

메이지 40년 7월 24일

통감 후작 이토 히로부미

이 결과로, 우선 군대를 해산하기로 하여 8월 1일에 해산식을 거행하려 하자, 서소문 내의 시위연대병이 항전을 시작하여 세력이 다할 때까지 종일토록 격전이 계속되었다. 지방에 있는 진위대들도 항전하여 목숨을 바치거나 탈주하여 게릴라전에 종사하니, 이들은 전날의 의병과 합류하여 그 세력이 오래도록 성하였다.

또 조약에 의하여 종래의 고문·참여관 등은 해고되고 8월 초부터 궁내부와 그밖에 각부에 일본인 차관이 임명되어, 이른바 차관 정치가 실시되었다. 이리하여 한국은 껍데기 이름만 있을 뿐이고, 실제 정권은 이미 일본의 손으로 돌아갔다. 남은 일은 이제 한국 병탄을 어떻게 형식적으로 완료하느냐, 그리고 또 무슨 핑계를 잡아서 이를 정당 행위로 위장하느냐의 문제뿐이었다.

1908년 2월 23일에 일본의 추천으로 외교 고문으로 부임한 미국인 스티븐스가 미국 샌프란시스코에서 일본 보호 정치를 찬양하는 글을 신문에 게재하였다가, 거기 있던 우리 대동보국회(大同保國會) 회원 전명운(田明雲)과 장인환(張仁煥)에게 저격당하여 죽었다.

10월 26일에는 전 통감 이토 히로부미가 러시아 정부의 실세인 탁지부대신 코코프체프(Kokovsev, V. N.)를 만나서 일본의 한국에 대한 적극책에 러시아의 양해를 구하기 위하여 동청철도 하얼빈 정거장에 내려서는 것을 안중근(安重根)이 권총으로 쏴 즉사하게 한 일이 있었다. 12월 22일에는 내각 총리대신 이완용이 경성에서 가톨릭 교회당에서 열린 벨기에 황제 레오폴드 2세 추도식에 참여하고 나오는 것을 이재명(李在明)이 문전에 기다렸다가 비수로 들이찌른 일이 있었다.

이러한 일이 나는 족족 일본에서는 이용해 먹을 좋은 기회라 여겨, 치안을 확보하고 국면을 정돈하는 길은 한국 문제를 근본적으로 처리하여야 한다고 높이 주창하였다. 일본의 식자 중에는 한국의 병탄이 정치적·외교적으로 훗날의 화근이 되리라 하여 걱정하는 이가 아주 없지 않았지만, 나라 인심이 이런 말에 귀를 기울이기에는 이미 너무 교만해져 있었다.

융희 4년(1910) 5월 30일에 이토 히로부미의 후임 통감이었던 소네 아라스케(曾彌荒助)가 사퇴하고, 일본 육군대신 데라우치 마사타케(寺內正毅)가 부임하였다. 데라우치 통감은 무단 정치파의 거두로 이름난 자로, 일본의 적극책을 실현하기 위해 등장한 것임은 두말할 것이 없다.

부임하기 전 6월 24일에 먼저 경찰권을 빼앗아서 중앙과 지방할 것 없이 모두 헌병 주체의 새 경찰 제도를 확립하였다. 7월 23일에 부임하여, 일본이 제멋대로 만든 병합 조건을 놓고 총리 이완용을 날마다 불러다가 반 유혹 반 협박으로 한 조항 한 조항씩 승인하게 하여 8월 21일까지 안이 완성되었다. 다음날인 8월 22일에 내각 대신과 원로가 참여하는 어전회의를 열게 하여 이 안을 강제로 결정하게 하고, 그날 오후 5시에 이른바 조인까지 끝내 버렸다.

8월 29일에 병합 조약과 함께 순종 황제의 양국(讓國) 조서와 최후의 칙유가 발표되었다. 이는 곧 조선 519년의 기업(基業)이 30년

데라우치 통감
제3대 통감이었고, 한일합방 후에는 제1대 총독으로 부임하였다.

에 걸친 일본의 사술(詐術)에 농락당하다가 마침내 목구멍 너머의 물건이 되고, 건국 이래 4,223년의 전통이 병합이라는 가식으로써 처음으로 단절되는 슬픈 일을 만나게 되었다.

그리하여 조선 인민의 탁월하고 훌륭한 반발적 능력이 일찍 한·위·수·당·요·금·원·청을 물리쳤던 위력 그 이상을 이번 일본에 대하여 발휘할 수 있느냐 못하느냐를 세계 대중 앞에 치르게 된 새 과제가 되었다. 또 일면에 있어서는 수나라와 원나라 기타 나라가 여러 번 경험하여 본 것처럼, 섣불리 조선에 손을 대는 나라들이 도리어 스스로 넘어져 무너지는 운명을 부르고 만 것 같은 쓰디쓴 결과를 일본만이 면할까 못 할까 하는 흥미 있는 게임이 이제 전개된 것이었다.

병합 조약

일본국 황제 폐하와 한국 황제 폐하는 양국 간의 특수하고 친밀한 관계를 돌아보아서, 상호의 행복을 증진하고 동양의 평화를 영구히 확

보시키고자 하고, 이 목적을 달하기 위해서는 한국을 일본 제국에 병합함만 같지 못할 것을 확신하여, 이에 양국 간에 병합 조약을 체결하기로 결정하고, 이를 위하여 일본국 황제 폐하는 통감 자작 데라우치 마사타케(寺內正毅)를, 한국 황제 폐하는 내각 총리대신 이완용을 각각 그 전권위원으로 임명하니, 이에 따라 위 전권위원은 회동 협의한 후에 아래의 여러 조항을 협정하다.

제1조 한국 황제 폐하는 한국 전부에 관한 일체의 통치권을 완전히 또 영구히 일본국 황제 폐하에게 양여함.

제2조 일본국 황제 폐하는 전조(前條)에 든 양여를 수락하고, 또 전연(全然)히 한국을 일본 제국에 병합할 것을 승낙함.

제3조 일본국 황제 폐하는 한국 황제 폐하 · 태황제 폐하 · 황태자 전하와 아울러 그 후비와 후예로 하여금 각기 지위에 응하여 상당한 존칭 · 위엄 및 명예를 항유하게 하며, 또 이를 보지(保持)하기에 충분한 세비를 공급하겠음을 약속함.

제4조 일본국 황제 폐하는 전조 이외의 한국 황족과 그 후예에 대하여 각각 상당한 명예와 대우를 항유하게 하고, 또 이를 유지하기에 필요한 자금을 공여하겠음을 약속함.

제5조 일본국 황제 폐하는 훈공(勳功) 있는 한인으로서 특히 표창을 함이 적당하다고 인정한 자에게 대하여 영작(榮爵)을 주고, 또 은금(恩金)을 줄 것.

제6조 일본국 정부는 전기(前記) 병합의 결과로 전연히 한국의 시정을 담임하고, 한국에 시행하는 법규를 준수하는 한인의 신체와 재산에 대하여 충분한 보호를 주고, 또 복리의 증진을 꾀할 것.

제7조 일본국 정부는 성의 충실히 신제도를 존중하는 한인으로서 상당한 자격 있는 자를 사정이 허락하는 데까지 한국에 있는 제국 관리에 등용할 것.

제8조 본 조약은 일본국 황제 폐하와 한국 황제 폐하의 재가를 거친 것이니, 공포한 날로부터 시행함.

메이지 43년 8월 22일
통감 자작 데라우치 마사타케
융희 4년 8월 22일
내각 총리대신 이완용

황현 초상
『매천야록』으로 유명한 황현은 1910년 한일합방이 되자 절명시를 남기고 자결하였다.

병합 조약이 발포된 뒤의 국내 인심의 울분 격앙과, 또 그 구체적 표현인 갖가지 행동은 따로 거질의 책을 만들어도 부족할 것이므로 여기서는 번다하게 하나하나 언급하지 않겠다. 다만 나라가 망하자 식음을 끊고 자결한 시인 황현(黃玹)의 절명시를 인용하여 일시 사민(士民)의 크고 깊은 통한을 표상(表象)하는 데 그치겠다.

난리로 휩쓸려버린 머리털 허연 나이
몇 번이고 죽어야 했으나 이루지 못했다.
참으로 어찌할 수 없는 오늘
가물거리는 촛불이 푸른 하늘 비추는구나.

그렇다. 그러나 금일 참으로 어쩔 수 없어서 죽는 이도 오히려 편히 눈감지 못할 것은, 어쩔 수 없어서 그만둘 수 없는 오랜 민족의 전통이며 생명이며 또 그 영욕이니, 구사십생(九死十生)하여 어찌할 수 없는 것을 어찌할 수 있게 하고 말리라는 것이 2천만의 머릿속에 세찬 기세로 일어나 오기를 서원(誓願)할 수밖에 없다.

조선독립운동사

제2장 3 · 1운동

1. 3 · 1운동의 발발 배경

조선 인민은 나라 생긴 이래의 대변고를 만나자 부모를 잃은 듯 비통해하며 스스로 심정을 주체하지 못하였다. 그러다가 흥망은 일시적이고 민족은 영원하다는 것을 생각하고는, 이윽고 다시 일어나서 나라의 안팎이나 세계에 너나없이 광복의 전열(戰列)을 벌여 나갔다.

일찍이 백제 · 고구려 · 발해가 망한 후에 그 유민이 이리저리 떠돌면서도 오히려 오래도록 그칠 줄 모르고 고국의 부흥을 꾀했던 것처럼, 아니 백제 · 고구려 · 발해 유민의 운동은 장렬한 역사만 만들었지 소기의 목적은 달성하지 못한 감이 있다. 이제 우리는 다른 종족 다른 나라를 상대로 하여 국가 명운의 부흥이자 민족 생활력의 경쟁이 되는 이 항쟁에서 기필코 최후의 성과를 거두고야 말리라는 열렬한 염원으로 이미 광복된 조국의 아름다운 모습을 제

---

* 이 글의 제2장과 제3장은 내용 이해를 위해 역주자가 소제목을 붙였다.

칼을 찬 일본인 교사
한일합방 후 실시된 일본의 무단통치는 교사에게도 칼을 차게 할 만큼 공포 분위기를 조성하고 있었다.

각기 가슴에 품고서, 오냐 싸우자 하고 씩씩하게 나섰다.

국내에서는 교육 확장, 실업 진흥, 국산 장려, 국혼(國魂) 환기 등 모든 방면에 걸치는 이른바 실력 양성 운동을 벌였다. 이와 함께 의병들의 게릴라적 항전이 종전보다 훨씬 활발하고 또 진지하여졌다. 국외에서는 국제 정세를 이용한 외교 공작에 눈을 크게 떠서, 중국 혁명 운동을 지원하고 세계의 모든 나라 사회당에 줄을 대는 등 할 수 있는 모든 기틀을 빠짐없이 이용하였다.

반면에 병합 이전에 이미 헌병 경찰 제도를 채용하여 무단의 칼날을 내보인 저 총독부 당국은 그 성능을 최고도로 발휘하여 사람들이 몸을 굽히고 걸음도 살금살금 걷고 숨도 크게 쉬기 어렵게 하였다.

한편 통감부 설치 후에 한국주차군(韓國駐箚軍)이라 하여 저희 나라의 각 사단 중에서 1개 사단 혹은 1개 사단 반의 병력을 교대로 데려다가 각지에 나누어 주둔하게 하던 것을, 새 영토의 치안 유지상 허술해질 우려가 있다 해서 새로 2개 사단을 증설하고, 이것을 조선에 상시 주둔시켜 예상치 못한 사태에 대한 탄압력을 강화하였다.

복종하지 않는 국민에게 위엄을 보일 필요가 있다 해서 무릇 모든 관리에게 일정한 제복을 착용하게 하되, 모자에는 금색 선을 두르고 허리에는 긴 칼을 차게 하여, 학교 교원과 시험장의 사무원에게까지 이를 따르게 하는 익살스러운 일도 마다하지 않았다.

대한제국 때부터 발행해 온 신문·잡지류의 기사 내용에 극도로 간섭하고, 걸핏하면 발매 금지와 압수 명령을 내려 자진 폐간에 이르게 하였다. 일반 출판물에는 전단 광고류까지 반드시 준엄한 검열을 거치게 하여 발행을 어렵게 하였다. 특히 역사·전기·가요·소설·희곡 등 정신 고취와 관계되는 책들은 이미 발행된 것까지 모조리 압수 소각하여 사상의 암흑 상태를 꾀하며, 심한 경우에는 보편적인 고전에 대하여도 자구를 고치게 하였다.

구월산의 삼성사(三聖祠) 이하 무릇 국민정신을 함양할 거리가 될 만한 사적(史蹟)은 과감히 파괴하고, 이밖에 제도·문화 등 온갖 방면에 걸쳐서 서양의 제국주의적 식민지 통치 정책에서 시행했던 모든 국성(國性) 파괴 방법을 남김없이 모조리 모방 답습하였다.

그러나 그럴수록 민심은 우울함을 털어버리고 틈나는 대로 반동 수단을 취하였다. 병합된 해, 곧 1910년 12월에 벌써 안명근(安明根)이 경의선 차련관역(車輦館驛) 등지에서 총독 데라우치 마사타케를 저격하려 하다가 체포된 일이 있었다. 이 비슷한 암류(暗流)는 항상 사회의 이면에 흐르고 있었다.

당시 민족 운동가의 소굴로 지목되는 기독교 쪽에 가장 공포 불안을 느끼는 일본은 일망타진할 흉계를 조용하게 꾸미고 있었다. 다음해인 1911년에 윤치호(尹致昊)·양기탁(梁起鐸)·이승훈(李昇薰) 등이 신민회를 조직하여 국권 회복을 꾀하고, 가장 먼저 총독 데라우치 마사타케 암살을 준비하였다 하여, 기독교 요인 백여 명을 구금하고 터무니없는 무옥을 일으켜서 악형과 엄벌을 마음껏 하여 민심을 서늘하게 한 일도 있었다. 그러나 이 사건은 외국 선교사의 입을 거쳐 구미 각국에 포학한 기독교 박해로 선전되어 일본 문명이 저열하다는 걸 드러내는 결과를 불렀다.

병합 전후에 있던 독립 운동에서 가장 뚜렷한 존재는 안창호계의 활동이었다. 안창호는 소년 시절에 이미 독립협회 회원으로 전

안창호
실력양성운동 계열의 대표적
인 인물이다. 최남선은 안창
호와 함께 청년학우회를 조
직, 활동하였다.

국에서 활동하다가 22세에 미국으로 건
너가 샌프란시스코에 공립협회를 세우고
거류 한인의 지위 향상 운동에 종사하였
다. 광무 9년(1905)에 고국이 을사보호조
약에 얽매이자 분연히 귀국하여 동지 이
갑(李甲) · 전덕기(全德基) 등과 함께 신민
회를 조직하였다. 나라 안의 지사들을 망
라하여 국권 회복의 토대를 쌓고, 평양에
대성학교를 세우고 청년학우회를 설립하
여 무실역행주의(務實力行主義)에 의한 후
진 양성에 힘썼다.

융희 4년(1910)에 나랏일이 어쩔 수 없
게 되자 안창호는 가만히 출국하여 신운
동의 무대를 북중국 · 만주 · 시베리아 등
지에 건설하려 했으나 다 여의치 못하였
다. 병합 다음해 봄에 유럽을 거쳐 미국으로 다시 건너가 1914년에
로스앤젤레스에서 흥사단을 조직하여 지부를 널리 각지에 두고 훗
날의 웅비를 기약하였다. 안창호는 인격 · 웅변 · 조직력을 구비하
여, 가는 곳마다 반드시 계속성을 유지시켰고 또 실천 제일의 건전
한 상식적 운동 방법을 취하여 일반의 주의를 끌었다.

미주 본토에는 갑신 정변의 주역 가운데 한 사람인 서재필(徐載
弼)이 있고, 하와이에는 독립협회계의 이승만이 있어서 각각 수시
로 민족 운동을 진행하였다. 특히, 이승만은 학식과 문장 방면에서
탁월하였다. 안으로는 『태평양잡지』와 기타 기관을 통한 계몽 사업
에 힘쓰고, 밖으로는 변화하는 국제 정세에 대한 한국으로서의 대
응에 힘껏 주선하여 항상 특이한 공과를 거뒀다.

만주로부터 러시아령 연해주에 걸쳐 사는 조선 교민은 본디 먹

고 사는 게 중심인 집단으로, 산만하고 계통 없이 농업이나 상업에 골몰해 있다가, 고국의 비운에 민족적 각성이 와짝 일어나 갖가지 계획을 꾀하고 있었다. 그러던 중에 헤이그 사건의 이상설 등이 러시아령 극동에 와서 정치적으로 지도한 뒤부터 교육 보급과 군사 훈련에 힘써, 항상 광복 운동의 공격적 전위이기를 자임하고 있었다. 그래서 두만강 맞은편의 북간도로부터 만주 동부에 걸쳐서는 종전 한인의 정착지가 그냥 지사의 잠행 활동지로 변하였다.

더욱이 조선 · 중국 · 러시아의 접경지에 해당하는 곳이 뜻하지 않게 풍운에 적합한 땅으로서 일반에게 주목받았다. 다시 압록강 건너편의 서간도(후에 동변도라고 하는 곳)는 북간도의 연장으로서, 특히 경성 옛 왕조의 문벌 출신인 이명영(李命榮) · 이시영(李始榮) · 여준(呂準) · 이건승(李建昇) 등이 들어가 자리를 잡으면서부터 부적 광복 운동가들의 중요한 근거지가 되었고, 그 세력이 전 만주 내지 몽골 지역에까지 확대하여 갔다.

중국 방면에서는 신해 혁명 전후부터 유랑하다가 정착하는 조선인이 점증하고 있었다. 그런 중에 1912년에 해산된 군인 출신인 신규식(申圭植: 후에 申檉이라고 개명함)이 상하이로 탈출하여, 쑨원(孫文) · 황싱(黃興) · 리위안훙(黎元洪) · 천치메이(陳其美) 등과 서로 사귀면서 동아 재건의 방책을 꾀하고, 이것이 자라서 한중 혁명 동지의 연락 활동이 견고한 뿌리를 박아 갔다. 또 도쿄 유학생 중 뜻 있는 이들이 그리로 모여들어 지반을 넓혔으며, 이밖에 신채호는 베이징에, 김택영(金澤榮)은 남통주(南通州)에 머물면서 각각 문학 본위로 국혼을 키우는 데 힘썼다.

병합 이래로 조선의 고유 신앙인 대종교에 대하여 일본 관헌의 탄압이 날로 가혹해지자, 교주 나철(羅喆: 본명 나인영)이 육신제(肉身祭)의 뜻으로 구월산에 들어가서 자결하였다. 그 후계자 김헌(金獻: 구명 김교헌)이 대종교의 본거지를 백두산 뒤쪽으로 옮겨서 조강(祖

대종교 지도자 윤세복, 김교헌, 나철(좌로부터)
단군 신앙 종교인 대종교는 만주 지역 독립 운동의 정신적 구심 역할을 했다.

疆)에 자리 잡고 국혼을 환기시키자, 무릇 국외에 있는 모든 광복 운동이 흡족해 하며 이리로 다 돌아와 교세가 지극히 융성해졌고, 지리멸렬하던 종래의 민족 전선이 비로소 통일된 정신적 지주이자 구심점을 가졌다.

이 사이에 경성의 신문관이 탄압과 재갈물림을 무릅쓰고 『소년』·『청춘』 등 여러 가지 정기 간행물을 제목과 체재를 바꾸어 가면서 연속 간행하고, 또 고전과 신서(新書)를 순서 있게 제공하여 국민 정신을 유지하고 길러 내려 노력한 것은 항상 각 방면에 든든한 탄력원을 공급하였다.

이러는 중에 조선에 대한 일본의 정치 경제상의 기회 박탈과 사회 문화상의 차별 대우는 점점 더 완고해져 갔다. 반대로 지식의 향상과 경험의 누적에 따른 조선인의 자각과 그로 인해 생기는 고민과 원한과 울분은 더욱 심각하고 투철해져 갔다. 그리하여 제국주의·자본주의·군국주의를 기조로 한 순전한 식민지 정책을 배격하고자 하는 열망은 잠재적으로 축적되더니, 하늘이 마침내 조선인 가슴속의 열혈 철화(鐵火)를 세차게 폭발하려 하여, 뜻하지 못한 방면에 일대 분출구를 우리에게 허락해 주었다.

1914년 6월에 세르비아의 한 청년이 오스트리아 황태자를 저격한 사건이 생기면서 일어난 유럽의 풍운이 드디어 세계대전의 양상으로 발전하였다. 4천 수백 만의 인명과 3천 7백 억의 전쟁 비용을 희생으로 하여, 피비린내 나는 바람과 쏟아지는 핏물 속에 4년 반의 겁화(劫火)를 치르고, 1918년 11월에 동맹군 즉 독일과 오스트리아 측의 항복으로 종국을 고했다.

승부가 어떻게 되든지 이 대전의 결말이 세계의 기운을 새롭게 하리라는 것은 만인이 미리부터 느끼고 살피고 있던 바였다. 더욱이 1918년 1월 1일에 미국 대통령 윌슨이 강화의 기초 조건으로 발표한 '14개조 원칙' 중에, 각 민족의 운명은 각자가 결정할 것이라고 한 이른바 민족 자결이라는 항목이 강조됨으로써 전 세계 피압박 민족에게 중대한 시사를 주었다.

2. 「독립선언서」와 일본·미국에 보낸 서한

민족 자결에 의한 세계 개조의 소리가 한번 나오자, 조선인은 세계 누구보다도 이것을 예민하게 받아들였다. 조선인은 이러한 기회가 있기를 기다려 오던 터라, 국내외가 앞뒤 안 가리고 이 대세에 부응하는 독립 운동을 개시하였다. 무릇 1년 동안 몰래 움직이며 계책을 세우다가 드디어 연말까지 가는 동안에는 다시 더 숨기거나 감춰둘 수가 없기에 이르렀다.

바야흐로 이러할 즈음, 다음해인 1919년 1월 22일에 태황제 즉 고종이 승하하시었다. 그 원인에 의문점이 있다는 말이 퍼지자, 국내 인심이 큰 충격을 받아 고국을 사모하는 정성이 갑자기 고조되었다. 이에 작년 이래로 유지들 사이에 은밀히 준비해 오던 민족 자결 운동을 구체화시킬 기회를 붙잡았다. 3월 3일의 국장에 수많은 13도 인민이 경성으로 모여들 것으로 예상하고, 이때에 민족 대표의 독립 선언을 결행하기로 하여 거기에 대한 필요한 준비를 가

만히 진행하였다.

이보다 앞서 도쿄에서는 유학생회의 책동으로 2월 8일에 이미 조선청년독립단의 이름으로 「민족대회소집문」·「독립선언서」 등을 발표하고, 상하이에서도 파리 평화 회의를 목표로 하는 민족 의사 표명 운동을 계획하였다. 이러한 흐름이 다 연말 연초에 걸쳐서 국내로 침투하여 왔으나, 국내에서는 조선 전 민족의 자결 운동으로서 가장 유력하고 유효한 방법을 취하기 위하여 가능하면 그 흐름을 억제하고 가린 상태로 예정된 방침을 착착 수행하였다.

그리하여 2월 말까지 뒤에서 준비를 완료하였다가 3월 1일에 이르러 민족 대표 33인의 이름으로 중앙과 지방에서 「독립선언서」를 발표하였다. 경성에서는 미리 뭉쳐 있던 청년·학생 중심의 행동대가 가두시위 행렬을 시작하여, 40~50만 군중이 독립 만세를 높이 외치면서 종로·덕수궁 앞·진고개·남대문 거리 등의 시내 주요 가로를 완전히 독립 전선으로 만들었다.

이날은 하늘이 맑고 날씨가 좋아 음울하던 산하에 갑자기 광채가 생겨나고, 독립 만세 이외의 다른 것이 죄다 소리를 감춰서 온 천지가 온전히 조선 민족 자결의 부르짖음에 맡겨졌다. 독립 선언의 전문은 아래와 같다.

선언서

우리는 이에 우리 조선이 독립한 나라임과 조선 사람이 자주적인 민족임을 선언한다. 이로써 세계 만국에 알리어 인류 평등의 큰 도의를 분명히 하는 바이며, 이로써 자손만대에 깨우쳐 일러 민족의 독자적 생존의 정당한 권리를 영원히 누려 가지게 하는 바이다.

5천년 역사의 권위를 의지하여 이를 선언함이며, 2천만 민중의 충성을 합하여 이를 두루 펴서 밝힘이며, 영원히 한결같은 민족의 자유 발전을 위하여 이를 주장함이며, 인류가 가진 양심의 발로에 뿌리박은 세계 개조의 큰 기회와 시운에 비추어 함께 나아가기 위하여 이 문제를 내세워 일으킴이니, 이는 하늘의 지시이며, 시대의 큰 추세이며, 전 인류 공동 생존권의 정당한 발동이기에, 천하의 어떤 힘이라도 이를 막고 억누르지 못할 것이다.

낡은 시대의 유물인 침략주의 · 강권주의에 희생되어, 역사 있는 지 몇 천 년 만에 처음으로 딴 민족의 압제에 뼈아픈 괴로움을 당한 지 이미 10년을 지났으니, 그동안 우리의 생존권을 빼앗겨 잃은 것이 그 얼마이며, 정신상 발전에 장애를 받은 것이 그 얼마이며, 민족의 존엄과 영예에 손상을 입은 것이 그 얼마이며, 새롭고 날카로운 기운과 독창력으로써 세계 문화에 이바지하고 보탤 기회를 잃은 것이 그 얼마나 될 것이냐?

슬프다! 오래 전부터의 억울을 떨쳐 버리면, 눈앞의 고통을 헤쳐 벗어나려면, 장래의 위협을 없애려면, 눌러 오그라들고 사그라져 잦아진 민족의 장대한 마음과 국가의 체모와 도리를 떨치고 뻗치려면, 각자의 인격을 정당하게 발전시키려면, 가엾은 아들딸들에게 부끄러운 현실을 물려주지 아니하려면, 자자손손에게 영구하고 완전한 경사와 행복을 끌어대어 주려면, 가장 크고 급한 일이 민족의 독립을 확실하게 하는 것이니, 2천만의 사람마다가 마음의 칼날을 품어 굳게 결심하고, 인류 공통의 옳은 성품과 이 시대를 지배하는 양심이 정의라는 군사와 인도라는 무기로써 도와주고 있는 오늘날 우리는 나아가 취하매 어느 강자를 꺾지 못하며, 물러가서 일을 꾀함에 무슨 뜻인들 펴지 못하랴?

병자 수호 조약 이후 때때로 굳게 맺은 갖가지 약속을 배반하였다 하여 일본의 배신을 죄주려는 것이 아니다. 그들의 학자는 강단에서, 정치가는 실제에서, 우리 옛 왕조 대대로 닦아 물려온 업적을 식민지의 것으로 보고 문화 민족인 우리를 야만족같이 대우하며, 다만 정복자의 쾌감을 탐할 뿐이요, 우리의 오랜 사회 기초와 뛰어난 민족의 성품을 무시한다 해서 일본의 의리 없음을 꾸짖으려는 것도 아니다. 스스로를 채찍질하고, 격려하기에 바쁜 우리는 남을 원망할 겨를이 없다. 현 사태를 수습하여 아물리기에 급한 우리는 묵은 옛일을 응징하고 잘못을 가릴 겨를이 없다.

오늘 우리에게 주어진 임무는 오직 자기 건설이 있을 뿐이요, 그것은 결코 남을 파괴하는 데 있는 것이 아니다. 엄숙한 양심의 명령으로써 자기의 새 운명을 개척함일 뿐이요. 결코 묵은 원한과 일시적 감정으로써 남을 시새워 쫓고 물리치려는 것이 아니로다. 낡은 사상과 묵은 세력에 얽매어 있는 일본 정치가들의 공명에 희생된, 불합리하고 부자연에 빠진 이 일그러진 상태를 바로잡아 고쳐서 자연스럽고 합리로운 올바르고 떳떳한, 큰 근본이 되는 길로 돌아오게 하고자 함이로다.

당초에 민족적 요구로부터 나온 것이 아니었던 두 나라 합병이었으므로, 그 결과가 필경 위압으로 유지하려는 일시적 방편과 민족 차별의 불평등과 거짓 꾸민 통계숫자에 의하여 서로 이해가 다른 두 민족 사이에 영원히 함께 화합할 수 없는 원한의 구덩이를 더욱 깊게 만드는 오늘의 실정을 보라! 날래고 밝은 과단성으로 묵은 잘못을 고치고, 참된 이해와 동정에 그 기초를 둔 우호적인 새로운 판국을 타개하는 것이 피차간에 화를 쫓고 복을 불러들이는 빠른 길인 줄을 밝히 알아야 할 것이 아닌가?

또 원한과 분노에 쌓인 2천만 민족을 위력으로 구속하는 것은 다만 동양의 영구한 평화를 보장하는 길이 아닐 뿐 아니라, 이로 인하여서 동양의 안전과 위태함을 좌우하는 굴대인 4억만 지나 민족이 일본에 대하여 가지는 두려워함과 시새움을 갈수록 두껍게 하여, 그 결과로 동양의 온 판국이 함께 넘어져 망하는 비참한 운명을 가져올 것이 분명하니, 오늘날 우리 조선의 독립은 조선 사람으로 하여금 정당한 생존과 번영을 이루게 하는 동시에 일본으로 하여금 그릇된 길에서 벗어나 동양을 붙들어 지탱하는 자의 중대한 책임을 온전히 이루게 하는 것이며, 중국으로 하여금 꿈에도 잊지 못할 괴로운 불안, 공포로부터 탈출케 하

3·1독립선언서

「독립선언서」의 원래 이름은 '선언서'이다. 급하게 조판하느라 '朝鮮'
이 '鮮朝'로 되어 있다.

는 것이며, 또 동양 평화로 그 중요한 일부를 삼는 세계 평화와 인류 행
복에 필요한 단계가 되게 하는 것이다. 이 어찌 사소한 감정상의 문제
이리요?

아! 새로운 세계가 눈앞에 펼쳐졌도다. 위력의 시대가 가고 도의의
시대가 왔도다. 과거 한 세기 내내 갈고 닦아 키우고 기른 인도적 정신

이 이제 막 새 문명의 밝아오는 빛을 인류 역사에 쏘아 비추기 시작하였도다. 새봄이 온 세계에 돌아와 만물의 소생을 재촉하는구나. 혹심한 추위가 사람의 숨을 막아 꼼짝 못하게 한 것이 저 지난 한때의 형세라 하면, 화창한 봄바람과 따뜻한 햇볕에 원기와 혈맥을 떨쳐 펴는 것은 이 한때의 형세이니, 천지의 돌아온 운수에 접하고 세계의 새로 바뀐 조류를 탄 우리는 아무 주저할 것도 없으며, 아무 거리낄 것도 없도다.

우리의 본디부터 지녀온 권리를 지켜 온전히 하여 생명의 왕성한 번영을 실컷 누릴 것이며, 우리의 풍부한 독창력을 발휘하여 봄기운 가득한 천지에 순수하고 빛나는 민족 문화를 맺게 할 것이로다. 우리는 이에 떨쳐 일어나도다. 양심이 우리와 함께 있으며 진리가 우리와 함께 나아가도다. 남녀노소 없이 어둡고 답답한 옛 보금자리로부터 활발히 일어나 삼라만상과 함께 기쁘고 유쾌한 부활을 이루어 내게 되도다. 먼 조상의 신령이 보이지 않은 가운데 우리를 돕고, 온 세계의 새 형세가 우리를 밖에서 보호하고 있으니 시작이 곧 성공이다. 다만 앞길의 광명을 향하여 힘차게 곧장 나아갈 뿐이로다.

공약 3장

一. 오늘 우리의 이번 거사는 정의·인도와 생존과 영광을 갈망하는 민족 전체의 요구이다. 오직 자유의 정신을 발휘할 것이요, 결코 배타적인 감정으로 정도에서 벗어난 잘못을 저지르지 말라.

一. 최후의 한 사람까지 최후의 일각까지 민족의 정당한 의사를 시원하게 발표하라.

一. 모든 행동은 가장 질서를 존중하며, 우리의 주장과 태도를 어디까지나 떳떳하고 정당하게 하라.

조선 건국 4252년 3월 일

조선 민족 대표(손병희 이하 33인 서명)

3월 1일에 앞서서 도쿄로 밀파된 사자(使者)는 독립 통고를 겸하여 그 이유서를 일본 정부와 의원(議院)으로 보내고, 상하이로 보낸 밀사는 평화 회의 주도자인 미국 대통령 윌슨에게 세계 개조와 동양 평화 유지에 대하여 조선 독립이 절대 필요한 이유를 자세히 진술하였다.

또 평화 회의에 참가한 각국 대표에게 신세계 건설자로의 조선 독립 찬성 의무를 고조시켜 각각 책임 있는 노력을 요망하였다. 이상의 여러 문서의 부본(副本) 전부 또는 일부를 경성에 있는 일본 총독부와 도쿄에 있는 여러 나라 공관에 보내고, 상하이에서는 주요한 통신 기관에 이 사실을 선전하였다.

국내외가 내통한 반 년 이상의 주선 활동이 엄밀하고 까다로운 일본의 정찰망을 뚫고서 정해진 절차를 꼬박꼬박 이행하고, 그래서 생각 이상의 성과를 거두었다. 이것은 진실로 조선 민족의 외력(外力)에 대한 반발과 자유 요구에 대한 열성이 더없이 절실하고 강렬하여 그 결속과 비밀 유지에 이의를 달 바가 없었다. 그렇다 하더라도, 돌이켜 생각하면, 사람의 힘 이상의 하늘의 뜻과 시운(時運)이라 하는 느낌을 누구나 가지지 않을 수 없었다. 일본에 보낸 글의 요지는,

여러 해 동안의 전화(戰禍)가 이제 그치고 세계의 도의적 개조가 행하려 하는 오늘날에 와서는, 이미 일체의 포악무도한 억압과 구차한 종순(從順)의 존재를 허락하지 않는다. 인습적 정치가의 공명심에 그릇된 동아 두 민족의 부자연스럽고 불합리한 상태를 근본적으로 개선하는 게 필연의 시대적 귀취(歸趣)로서, 피할 수 없는 것이다.

양국 병합의 동기는 이제 묻지 말고, 당시의 문자상으로 표시한 취지만 보더라도, 10년간의 실적과 오늘날의 대세가 다 무의미하고 도리가 아님을 확증하고도 남지 않은가. 이리하여 날로 깊어지고 커지는 조

선인의 원망과 분노의 불길을 이대로 모르는 체하는 결과가 얼마나 무서운 비참을 초래할 것인지를 생각할 때에, 우리는 홀로 조선인으로서만 아니라 동양인으로서 또 세계 인도적 입장에서 현상을 타파하고 공도(公道) 실현을 기약하지 않을 수 없다.

최근 10년간에 있었던 중일간의 교섭이 건건이 원활치 못한 것은 진실로 중국인이 조선의 전철을 밟지 않으려는 경계심에서 나온 것이다. 그뿐 아니라, 중국은 차라리 구미에 연락할지언정 결코 일본과는 제휴하지 않으려 하여, 그 기세가 격해져 어떠한 방법으로도 중국인의 이 심리를 만회할 수 없기에 이르렀다. 설사 일본이 조선을 영구히 얻는다 할지라도, 그 이익이 중국을 다 잃는 것에 비하지 못할 것이다.

또 중국뿐 아니라 무릇 일본에 기대를 가지는 전 동아시아가 조선의 병합을 보고 죄다 절대적인 공포와 불안을 느끼고 있으니, 설사 조선 병합은 작은 일이라 할지라도 동양 전체가 갈가리 찢어져 서로 반목질시하게 되는 것을 어찌 예사로운 사태로서 방치할 것이냐. 이 때문에 동양 전체가 백벌(白閥)의 교만과 횡포의 아래에 다 같이 망할 재앙의 기틀에 이르게 될 텐데 일본의 책임이 어떻다 하겠는가. 동양 공존이라는 대의로부터 두 나라의 비운을 고치는 게 긴급한 일임을 생각해야 할 것이다.

또 다만 일본의 자위면에서 보더라도 조선의 병합은 일본 국체(國體)에 절대적으로 위험성을 띠고 있는 것이다. 장구한 정치적 경험을 가진 동시에 민족적 자각이 갈수록 치열하여 가는 조선인이 폭력에 억눌려 이성을 잃게 된다면 조선이 온통 과격 사상의 소굴이 되고, 조선인이 마침내 위험 행위를 직업화하여서 직접 간접으로 일본의 치안을 얼마나 심각하게 위협할지도 모를 일이다.

또 도의에 따르는 세계적 추세에 있어서, 일본이 겉으로는 이 대세에 화동(和同)하는 체하고 속으로는 침략적 대륙 발전을 단념하지 않는다면, 세계의 의심이 일본으로 집중하여 국제적으로 고립되는 데 따른 결과가 자못 중대할 것이다. 일본된 자가 이러한 관점에서도 양국 관계의 새로운 현상을 타개하여야 할 것이다.

또 병합 후 정치의 기초는 동화(同化)에 있는데, 민족의 동화는 본디 용이한 일이 아니다. 더욱이 조선 민족과 같은 높은 문화 수준의 민족에게 결코 기대할 수 있는 게 아니다. 만일 동화를 가능하게 보고 병합을 견지한다면, 이 무식한 정치가를 위하여 태양이 서쪽에서 뜨지 않을 텐데 어찌하겠는가. 더구나 일본의 최후 운명은 태평양에 있는데, 수천만 함분축원(含憤蓄怨)의 인민을 배후에 두고 있는 게 얼마나 위험한지 생각하지 않을 수 있겠는가.

하며 조목조목 소상히 변증한 것이다. 월슨에게 보낸 것은,

전 인류적으로 완전한 행복을 실현하려 하는 신세계는 무엇보다도 먼저 완전하고 투철한 민족 자결주의가 실제적으로 승리하는 게 필요하다. 그것이 아니면 어떠한 좋은 대책이라도 사상누각에 불과하다는 것은 각하가 공언한 지시이고 또 세계적 승인을 얻은 것이다.

그러나 혹시 정실이나 인습이나 국제 관계에서의 일시적인 방편 때문에 명쾌한 결과가 늦춰지지 않나 하는 염려가 없지 않아 뜻 있는 이들이 다들 애타게 고민하는 바이다. 더욱 우려하는 것은 유럽 정국과 직접 관계가 없는 문제에 대하여 일반적인 주의(注意)가 얼마만큼 덜 긴장하지 않을까 하는 점이다. 이것이 한 조각 기우에 그치기를 바라지만, 각하가 한층 더 유의하고 한 계단 더 노력하기를 요망한다.

무릇 아메리카와 같은 나라 사정에서 막대한 인명과 재력을 희생하여 유럽 전란에 참가한 것은 다만 전란 후 뒤처리만을 위해서가 아니라, 세계적 재앙과 난리의 근본 원인인 일체의 불합리 상태를 개선하여 인류를 영원히 행복으로 이끌어 맞이하자는 숭고하고 엄숙한 이상을 실현하기 위함이 아닌가.

그런데 세계 평화는 동양의 평화를 제외하고는 있을 수 없으며, 동양의 평화는 조선의 합리적 존립을 제외하고 있을 수 없다. 그런데 조선의 현재 상황이 지금 어떠한가. 조선이 제국주의의 국제적 희생이 되어서 일본의 능멸과 학대를 받으면서부터 최근 수십 년간의 역사는 진실로 세계 역사상 유례를 볼 수 없는 일대 비극이었다.

일본의 국제적 지위를 높여 준 청일 전쟁과 러일 전쟁에 대한 조선인의 희생이 얼마나 컸으며, 이 전쟁 수행시에 일본이 아주 분명하게 조선에게 맹약하고 세계에 뽐내며 말했다. 그럼에도 일본은 조선을 속이고 홀려서 안으로는 일체의 무력을 제거하고 밖으로는 세계 여러 나라와의 교섭을 두절시켰다. 그러고는 어리석고 무기력한 주권자(主權者)를 위협하여 작성한 효력 없는 한 조각 문서에 의하여, 드디어 장구한 동안 계속 야심이었던 조선 병탄을 자행하고 가혹한 경찰과 난폭한 군대로써 조선인에게 온갖 압제와 치욕을 둘러씌우는 것은, 세계의 이목에 오히려 새로운 바이다.

원래 조선의 위치가 유럽의 중원과 거리가 매우 멀어서 서로 이해를 따지는 감이 비교적 절실하지 못하다. 또 당시에는 제국주의가 여러 나라의의 공통 신조이기 때문에, 불행히 이 포악무도한 사실이 세계적 공의(公義)의 비판을 받지 못한 것은 최근 외교사상에 특필(特筆)할 크나큰 치욕이었다. 근래 수십 년간에 조그만 무기도 없는 조선인의 반항 수단과 부흥 운동이 가능(可能)과 지선(至善)을 다하여, 숭고하고 비장한 양심 발동의 좋은 예를 보인 것은, 일본이 아무리 이를 엄폐하려 하여도 각종의 기회에서 세계 의인(義人)의 동정을 널리 얻었을 줄 믿는다.

예부터 지금까지 조선은 동양의 발칸이라고 일컫는다. 고대에 동양의 안위가 조선에 많이 기인하였음은 물론일지라도, 최근의 청일 전쟁과 러일 전쟁과 같이 동아시아 전체 국면에 큰 파란을 야기한 세계적 사변이 주로 조선을 원인으로 삼는 걸 보더라도, 동양에서 조선의 국제적 지위가 얼마나 중요한지를 살필 수 있다.

또 범슬라브주의 대 범게르만주의의 충돌이 이번 세계 대전의 근본적 원인이라 할 것이다. 세르비아에 대한 오스트리아의 압박은 배후인 러시아의 세력이 전에 비하여 실추된 결과이다. 러시아의 세력 감소는 조선 문제에 기인한 러일 전쟁에서 패배한 여독(餘毒)이다. 진실로 이번의 큰 전쟁을 유발한 데에도 조선이 미묘한 관계를 가지고 있는 것이다. 또 전쟁에 관련한 정치 경제상의 최대 문제가 동양에 있다는 걸 세계의 식자들은 모두 다 분명히 아는 사실이다.

일본의 침략적 대륙 진출 정책이 얼마나 동양의 여러 민족에게 공통의 우환이며, 일본의 군국주의적 극동 먼로주의가 얼마나 세계 각국의 기회 균등 원칙에 큰 장애인지 미국과 영국이 세심히 헤아려 볼 필요가 있는 문제라는 것을 깨달을 것이다. 극동에 있는 외교적 분화구를 영구히 막고, 동양의 독일을 꿈꾸는 일본의 군국주의를 징계하고, 동양에 있는 일본의 전횡을 예방하여 각국의 공익을 옹호하고, 동양 여러 민족의 평화적 생존권을 보장할 필요가 있다. 바꾸어 말하면 정치로 보나 인도적으로 보나 세계 개조로 보나 어떤 점에서도 극동에 있는 조선 문제를 합리적으로 해결하는 일이 유럽에 있는 발칸 문제와 동등한 가치를 가지는 것은 명료하다.

이번 전쟁의 목적이 중부 유럽 연방에만 있는 것이 아니라 인류의 전반에 대한 큰 위협인 일반 군국주의의 공멸(攻滅)에 있다. 그 결과인 이번의 강화 회의가 유럽의 개조에 그칠 것이 아니라, 당연히 세계를 전적으로 개조하는 데에도 미쳐야 한다는 것은 각하가 기회 있는 대로 천명했던 것 아닌가. 과연 그렇다. 그리고 서양의 군국주의에 대하는 것처럼 동양의 군국주의에 대해서도 또한 분쇄하여야 할 것이다. 그 재앙이 도래하기 전에 타파하여 다시 쓰라린 경험을 맛보지 않도록 노력하는 게 총명한 인사들이 당연히 해야 할 일에 속한다.

유사 이래 미증유, 처음 있는 대경륜·대개혁·대건설에 철두철미하게 강직하며, 당장의 추세 때문에 털끝만큼도 일시적 안정에 타협하는 일이 있지 말아야 한다. 우리 자유와 생명의 적에 대하여 영원한 전투를 선포하는 이제, 먼저 신의 사도, 정의의 투사인 각하에게 경의와 함께 이 격려의 말씀을 보내는 것은 우리 양심의 명령이다.

하는 취지를 반복하여 분명히 설명하였다. 이 여러 종의 문서는 조선 민족 진심의 소리로서 큰 반향을 환기시켰다.

3. 국내의 만세 운동

민족 자결의 의거가 한번 일어나니 파급되고 침투해 가는 기세가 거의 장애가 무엇인지 모르는 양하여 나라 안팎의 반향이 뒤를 이어 끊이지 않았다. 우선 경성에서는 3일의 국장 당일은 공경하는 마음에서 시위를 피했지만, 이후 연일 가두시위를 벌이고, 학생은 휴교하고, 상인은 철시하고, 직공들은 파업하고, 관리에게는 퇴직이 권고되었다. 조세 납부를 거부하기로 동맹을 맺고, 『독립신문』이 발간되며, 임시정부 수립 방안이 논의되며, 매국하고 적과 내통하는 흉측한 무리가 탄핵되었다. 북악산과 북한산 꼭대기에 태극대기(太極大旗)가 펄럭이며, 독립문 편액에 색채를 덧칠하였다.

이렇듯 무릇 독립 의사 표시에 필요한 일체 행사가 거의 빠짐없이 강구되고 실천되었다. 이러한 일들이 날이 갈수록 고조되어 시일이 지나도 조금도 이완됨이 없었다. 일본 군경의 탄압이 가중되면 될수록 마치 기름 뿌린 섶과 같이 그대로 더 치열하게 불타오를 뿐이었다.

그리고 33인의 뒤를 잇자는 운동이 연방 논의되었다. 3월 28일에는 구한국 정치가로서 귀족 반열에 있던 김윤식(金允植)·이용직(李容稙) 등이 총독부에 대하여 「독립 승인 최촉장(催促狀)」을 제출하고, 3월 말에는 유림의 영수 곽종석(郭鍾錫) · 장석영(張錫英) 등이 영남을 중심으로 하여 독립 운동을 분명하게 제창하고, 4월 23일에는 경성에서 「조선민국 임시정부 조직 포고문」이 발표되었다. 5월 20일에는 김가진(金嘉鎭)을 수령으로 하여 황족 대표 의친왕 이하 각계 대표를 망라한 조선민족대동단이 출현하였다. 이런 여러 활동이 거듭거듭 인심을 흥분시켜 쉴 줄을 몰랐다.

의친왕
고종의 다섯째 아들로, 이름은 이강(李堈)이다. 3 · 1운동 후 상하이 임시정부로 탈출을 모의하였으나 일본 경찰에 발각되어 만주 안둥(安東)에서 강제 송환되었다.

3월 3일 국장 당일에는 망국의 슬픈 황제 영결식을 위하여 팔도에서 경성으로 몰려든 인민은 무려 40~50만을 헤아렸다. 이들이 구슬퍼하는 중에 뜻하지 않은 독립 만세의 절규를 듣고 잠들어 있던 혼이 곧바로 깨어났다. 이들이 각각 결심을 품고 고향으로 돌아갔을 때에는 이미 각 종교 단체를 통하여 계획되고 실행되었던 독립 선언 운동과 여기에 호응한 일반 민중의 환호와 박수춤이 곳곳에서 솟구쳐나고 있었다. 이렇게 이곳저곳으로 전파되고 한 사람이 제창하면 백 사람이 따라하여 조선의 산하는 온전히 독립 만세 소리로 출렁였다.

가장 비겁한 부락에서도 은근히 걱정하기를 "사방의 이웃이 죄다 만세를 소리 높여 부르니 우리가 어찌 태평스레 있겠는가." 하면서 더 많은 군중이 높은 언덕 위로 올라서 더 크게 만세를 불렀다. 인구가 적은 산간 부락에서는 다른 마을 사람들의 성원을 얻어다가 혹시라도 만세 소리가 남보다 낮을까 걱정하였다. 미처 만세 축하가 거행되지 않은 굼뜬 부락이 있는 경우에는, 다른 이웃 마을

제암리 학살 사건 후 폐허가 된 마을(1919)
일본 군경은 주민 30여 명을 제암리 교회에 모아놓고 사살한 후, 인근의 민가에도 불을 질러
폐허로 만들었다.

들이 아무 동네에서는 만세 소리가 나지 않으니 인간적 교제를 말
자고 공론하여, 만세 소리를 들을 때까지 혼담이 깨지고 물자 거래
가 두절되는 형편이었다.

　일반 상민 집단의 만세 부르기 열기는 진실로 붓과 종이로 그릴
수 있는 것이 아니었다. 온 나라의 시장·학교·관청·사원이 죄
다 만세 부르는 장소이며, 거리거리의 아동 모임은 만세 유희 일색
으로 치장되었다. 이렇게 조선인은 만세로 무기를 삼으며 만세로
적진 돌입에 대신하여, 원수 도적을 몰아내는 정의로운 싸움을 감
행하였다. 그리하여 하늘을 우러르고 땅을 굽어봐도 당당한 자유
민임을 다만 순수로서 다만 충성으로서 세계에 표명하였다.

　두려움 없이 맨손으로 일본 군경의 주둔지를 습격하며, 서슴지
않고 앞에 거꾸러지는 동지의 주검을 넘어가면서 그저 만세 만세
하였다. 늙은 과부는 만세 부르지 못한 남편을 새삼스레 불쌍하다
하며, 젊은 색시는 품속의 아기가 아직 만세 소리 옮기지 못하는
것을 애달파하였다.

역사상에 대외적인 반발 운동이 많지만, 이 만세 운동 이상으로 과감하고 보편적인 예가 다시 없으며, 이번 평화 회의를 목표로 하여 민족 의사 표시의 의거가 적지 아니하였지만, 조선의 만세 운동만큼 철저하고 또 오래 지속된 큰 거사는 하나도 없었다.

이 모범적인 비무장 민족 운동에 대하여 일본은 처음에는 당황하고 다음에는 두려워하다가, 마침내 폭력적 탄압을 생각하였다. 총을 쏘고 칼을 휘둘러 무저항 조선인 학살이 사방에서 자행되었다.

그중에 도별로 대표적인 몇 가지를 들어 보면, 경기의 장단(4월 1일)·수원(4월 15일), 충남의 천안(4월 1일)·청양(4월 5일), 충북의 제천(4월 17일), 전북의 남원(4월 4일), 전남의 목포(4월 8일), 경북의 문경(4월 15일), 경남의 진주(4월 18일)·창원(4월 3일)·남해(4월 4일), 강원의 홍천(4월 3일), 황해의 평산(4월 7일, 8일), 평남의 평양(3월 이후 빈번), 평북의 삭주(4월 6일), 함남의 함흥(4월 8일), 함북의 온성(4월 4일) 등지에서는 적어도 수 명, 많으면 수십 명씩이 미친 듯이 쏘아대는 총탄에 희생당했다.

현재의 제암리 교회(경기, 화성)

제암리 학살 내용을 보여주는 순국기념관(경기, 화성)
1982년에 제암리 학살 현장의 유적은 사적 제299호로 지정되었다.

더욱이 4월 15일 수원군 제암리에서 일본병이 남녀노소 수백 명을 기독교 예배당에 잡아 가두고 못질한 뒤 밖에서 불을 질러 태워 죽이고, 여기에서 빠진 부근 인민들에게는 임산부의 배를 가르고 어린애의 뇌를 부수는 등 포악이 극한에 달했다. 이 사건은 상세 실황 사진과 함께 세계에 유포되어 일본인의 잔인 포학을 남김없이 보여주었다. 그리고 가장 참학(慘虐)을 생각하게 하는 동서 두 국경 방면은 또 이 밖에 있다.

그런데 이러한 고압적 수단은 도리어 적개심을 부채질하는 것밖에 아무 효과가 없고 만세의 굉음은 그럴수록 더 높아졌다. 어떠한 악조건 하에서도 흔들리지 않고 굽히지 않는 조선 인민의 용기는 전 세계적으로 동정의 표적이 되어서, 한 민족의 운동으로서 전 세계의 감응을 사기는 기미 3·1운동이 실로 처음이었다.

※ 운동이 일어난 이래로 나라 안 어디서고 다 같이 용감하고 강직한 행동을 전개하였지만, 1919년 1년간의 결과를 지방별로 나눠 보면, 경성이 가장 대단하고 평양이 이에 버금

하며, 도별로 말하면 황해도가 가장 심하고 평안북도가 미세하게 버금한다는 사실을 여기에 기록하고 싶다.

1919년 1년간의 운동 참가 개황을 적인 일본 측의 발표에 의거해 살펴보건대, 3월 이후 12월 말일까지 13도 11부 206군에 걸쳐 3,200건이 발생하여, 검거된 자가 약 2만(19,522)명인데, 검거된 자는 실제 운동자의 몇십분의 일에 불과한 즉, 가령 50배만 치더라도 실제 참가 인원이 100만에 달할 것이라고 하였다(대정 13년 조선총독부 관방서무부 조사과 발행『朝鮮の獨立思想及運動』제4장 제2·3절, 특히 96쪽, 102쪽에서 105쪽까지 참조).

그러나 여기에는 지방의 소소한 사건이 많이 빠지고, 또 지방에 따라서는 관리가 공적을 삼기 위하여 어지간한 일은 짐짓 엄폐한 예가 많으므로, 실제 건수는 3,200건의 몇 배가 될 것이고, 또 피검거자를 2만 명이라 하더라도 실제 참가 인원은 그 수백천 배에 달하리라는 것은 당시의 실정을 아는 이가 공통으로 인정하는 바이니, 아마 1919년 1년간의 운동선상에 출동한 실 인원수는 적어도 천만에서 내려가지 않을 것이다.

우선 3월 1일 경성의 운동 인원이 수십만이었지만 당일에는 일본 측의 인식 부족과 방침 미정 때문에 거의 방임하여 묻지 않는 상태이었으며, 이 뒤 얼마 동안도 아무쪼록 무마적으로 진정되리라 생각하여 검거의 그물이 한껏 성기었으며, 참으로 어쩔 수 없는 줄을 안 뒤에 비로소 포리(捕吏)의 손이 준엄해졌다. 그런즉 운동이 드셀 때는 많은 인원이 우선 검거 수에 들어 있지 않다고 생각할 수 있다.

역시 적측의 자료로 1919년 바로 그 해에 경무국이 발행한 『소요사건개황』제4장에, 3월 1일부터 6월 30일까지의 '조선소요사건 총계일람표'에는 소요 인원 총계 587,641, 소요 검거 인원 13,175, 조선측 사망자 553, 부상자 1,409의 숫자를 들어 보이고, 비고란에 "검거 인원은 소요 당시에 있는 것만을 보였다. 예컨대 소요 당일의 검거 인원의 합계는 본 표에는 13,175이지마는, 4월 말까지의 검거 총수는 26,713이었다."고 하였다. 그러면 우선 여기서 앞의 책에는 연말까지의 피검거수를 합계 19,500여라 하였는데, 4월 말까지의 그것을 26,700여라고 한 것 같은 모순이 발견되는 셈이므로, 소위 통계의 불확실성을 짐작할 수 있다.

4. 국외의 만세 운동

국외에서의 운동은 접경 지대에서 가장 신속히 반향하고 활발히 진행되었다. 간도 훈춘 방면에서는 3월 8일 이래로 각지 대표자들의 회합이 빈번하다가 13일에 이르러 용정촌에서 크게 독립 선언 대회를 열었다. 같은 날과 수일 후에 허룽(化龍)·옌지(延吉)·왕청(汪淸)·안투(安圖)·둥닝(東寧)·훈춘(琿春) 여러 현의 각 이사(里社)에서 차례로 선언식을 거행하여 비분의 기운이 백산(白山) 지역을 감쌌다.

4월 초부터 각지에 의열대가 조직되어 군사 훈련을 하다가, 4월 24일에는 훈춘 한탑도구(韓塔道溝)에서 이동휘(李東輝)·이범윤(李範允)·진학신(秦學新) 등 구한국 군인의 손에 무력으로 국경을 침입하기로 계획되고, 5월에는 노령·상하이 방면에서 호응하여 국민 의회 간도 지부가 설립되고 보조 기관인 신국민단이 각지에 발기(發起)되었다. 이에 문무 양쪽에 걸치는 독립 운동이 기운차게 전개하여 갔다.

이러는 동안에 일본 측의 지도하에 있던 조선인민회는 자발적으로 해체되고, 또 손톱과 어금니 노릇을 하는 밀정배는 발각되는 대로 사살되고, 일본 세력 내지 일반 외래 압력에 대항을 위하는 자위단이 차례로 조직되었다. 이밖에 비밀 결사에는, 주로 대종교도를 조직 분자로 하여 수만의 단원을 보유한 자유공단(自由公團), 그리고 주로 각 학교 생도와 노령에서 들어온 청년을 포함하여 결성한 맹호단(猛虎團) 등이 실력적 배일 운동을 추진하였다.

서간도 방면에서도 북간도와 서로 전후하여, 퉁화(通化)·류허(柳河)·창바이(長白)·지안(輯安)·린안(臨安)·콴텐(寬甸)·하이룽(海龍)·환런(桓仁)·푸쑹(撫松)·화디엔(樺甸) 등 여러 현의 각 둔(屯)에서 차례로 독립 선언식을 거행하여 서로 기세를 다투었다. 3월 16일 창바이 현에서 천도교 도단이 태극기를 앞세우고 일본 헌병 주재소를 습격한 이래로, 이와 비슷한 무력 거사가 여러 곳에서 생겼다.

4월에 들어와서는 의용단·독립단·다물단(多勿團)·일심회(一心會) 등 집단이 각지에 일어나서 서로 호응하고, 그중에 콴텐 현을 중심으로 하는 부민회(扶民會)는 독립 운동 추진 비밀 결사로서 가장 조직 있는 행동을 하여 일반이 지향하는 바가 되었다. 그 별동대로서 한족군정부(韓族軍政府)가 있어서 4월 이래로 청년에게 군사 훈련을 행하고, 또 화디엔(樺甸) 현에 의군강습소(義軍講習所)가 있어서 수많은 장정이 훈련에 정진하였다. 후일의 국경 돌파 작전은 대개 이 유파의 행동에 속하는 것이고, 이중에 동삼성(東三省) 한족생계회(韓族生計會)의 정치적 활동이 이색적이었다.

노령 연해주 지방에서도 3월 초부터 신한촌민회(新韓村民會)에서 갖가지 계획을 마련하였다. 그러나 러시아 측이 국제 관계를 고려하는 바람에 잠시 저지되다가, 17일에 이르러는 각 집에 일제히 태극기를 높이 달고 독립 선언식을 거행한 후, 국민의회 회장 문창범

(文昌範)의 지휘 하에 가두시위를 벌이는 동시에, 국문·러시아문 2종의 「독립선언서」를 일본 영사관·러시아 관청·각국 영사관에 보내고, 밤에까지 종일토록 행진 운동을 계속하였다.

이날 이후로 니콜스크·스파스코예·라스드리노예·하바로프스크와 두만강 건너의 녹도(鹿島)·연추(烟秋) 등지에서 차례로 의식을 거행하였다. 단체로는 이전의 민회 외에 대한국민의회·대한신민단·청년회·노인동맹단 등이 새로 일어나고, 특히 한족독립기성회는 정연한 조직으로 군인을 집결하였고, 1만 인의 정예를 가지고 경성 진군을 준비하여 크게 세상의 시선을 끌었다.

하얼빈 방면에서는 3월 1일의 본국 소식을 접하자 여러 가지 모의를 진행하고 있었다. 그러는 중에 조선 내지·간도·일본 등으로부터 동청철도 연선(沿線)을 목표로 하여 일터를 잡으러 오는 무리가 날로 늘어나서, 이들이 하얼빈의 대러시아 특수성을 이용하는 책동을 개시하였다.

한편 러시아 군대 안에 있는 조선계 군인들은 비육지탄(脾肉之嘆)을 풀 때가 왔다 하여, 4월 9일에는 우리 군 한 무리가 자동차와 기타 장비를 갖추어 가지고 일본의 공동 군대를 당당히 습격하는 장한 거사를 행하였다. 이밖에 기회 있는 대로 일본 배척에 실제 행동으로 나왔다.

처음 국내에서 독립 선언을 계획할 때부터 상하이를 국제 활동의 무대로 삼기로 생각하니, 즉 상하이는 세계 교통의 요충인 동시에 조선 혁명의 근거지로서 오랜 역사를 가졌기 때문이었다. 상하이에는 진작부터 신성(申檉)이 지도하는 공제회(共濟會)란 것이 있어, 표면적으로는 체류 동포의 상호 부조 기관으로 포장하고, 내실은 국권 회복을 목표로 하는 비밀 운동을 계속하였다.

1918년에 파리 강화 회의에서 세계 개조가 의제가 되려 하자, 8월에 그중의 첨예 분자가 새로 신한청년당을 조직하여 실천 운동

을 시작하였다. 먼저 조선 독
립에 관한 요망 서한을 작성하
여 미국의 중국 파견 특사 크
레인에게 부탁하여 파리 강화
회의와 미국 대통령에게 전달
하기를 부탁하고, 다시 강화
회의에 조선 대표를 파견하기
로 하여 1919년 1월에 김규식
(金奎植) 이하 몇 명을 파리로
보내고, 이어 자금과 선전 자료
수집을 위하여 인원을 본국과
도쿄·노령 방면으로 보냈다.

이때 바로 국내에서도 본국
중심의 독립 운동이 배태되고
있었으나 해외 관계에는 깊이

집정관 총재 이승만(좌)과
구미위원부 위원장 김규식(우) 1919년

경계하여 현저한 연락은 생기지 않더니, 1919년 3월에 경성에 선
언 운동이 일어나자 상하이의 운동이 갑자기 핵심을 얻어서 조리
(條理)를 세우게 되고, 한편으로 본국으로부터 새로운 인물과 적지
않은 운동 자금이 들어와 기세가 와짝 치올랐다.

5. 대한민국 임시정부 수립과 독립 운동

한편으로 3~4월 무렵에 본국 경성과 북미에서 각각 임시정부가
수립되었지만, 운동 정세에 의하여 최고의 유일한 정권을 상하이
에 설립하는 것이 마땅하다는 의견이 각 방면에 똑같이 일어났다.
각지의 대표가 속속 상하이로 모여 들어 4월에 프랑스 조계에서

국민 대회를 열고 운동의 대강(大綱)을 의논하여, 재래의 여러 단체를 한꺼번에 해소하고 17일에 대한민국 임시정부를 수립하고, 총리 이승만과 내무총장 이하 7부의 장과 노동총판·경무국장 등이 선임되었다.

29일에는 자문 기관인 대한민국 의정원법을 제정하여 국내 각 도와 외지의 대의원 30명을 선출하고 이어 임시 헌장 10조를 결정, 반포하였다. 5월 4일에 청년단을 조직하여 전위적 임무에 나서게 하며, 이에 이어 임시정부는 입법·과세·국채 모집·외교·경찰 등 기능을 수시로 발휘하여 상하이에 있는 임시정부의 활동은 일반 조선인에게는 희망이 되고, 적 일본에게는 공포가 되고, 세계의 관심 있는 사람들에게는 주목하는 점이 되었다.

조직 당시 정부 요원표

임시의정원의장	이동녕(李東寧)
국무총리	이승만(李承晚)
내무총장 겸 노동총판	안창호(安昌浩)
외무총장	김규식(金奎植)
법무총장	이시영(李始榮)
재무총장	최재형(崔在亨)
군무총장	이동휘(李東輝)
교통총장	문창범(文昌範)
경무국장	김구(金九)

이보다 앞서 1918년 1월에 미국 대통령 윌슨의 민족 자결 원칙이 미국 의회에 제시되자, 미국에 있는 대한인국민회 중앙총회는 샌프란시스코에서 위원회를 열고, 강화 회의에 조선 독립 요망서 제출하기를 결의하고 이승만 이하 3인을 파견하기로 결정하였다.

연말에 3인이 워싱턴에 이르러 필요 문서를 작성하고 이어 파리로 가게 하였다. 1919년 3월에 본국에서 독립 선언이 나오자, 필라델피아에 체류하던 서재필이 주동자로서 그곳과 워싱턴에 한국친

대한민국 임시정부 서울 연통부 터(서울, 중구)
연통부는 임시정부의 활동을 국민에게 알리고 각종 정보와 군자금
을 전달하는 등 연락책 역할을 하였다.

우회(韓國親友會; The League of Friends of Korea)를 조직하여, 조선에 연
고를 가진 미국인들을 우리 독립 운동의 협찬 기관으로 삼으며, 미
국에 있는 일반 거류민들은 비행기를 건조하여 독립 운동에 활약
시키기를 꾀했다.

　이윽고 상하이가 운동의 중심지로 되자, 국민회는 안창호 외 2인
을 대표로 보내 상하이의 통일 전선에 참가하게 하였다. 5월 25일
에 안창호가 상하이에 이르자 임시정부의 내무총장 겸 노동총판으
로서 적절한 조치를 강구하였다.

　특히 국내와 해외의 교통 연락 방법으로 연통제(聯通制)라는 것
을 제정하였다. 국내에서는 도에 독판(督辦), 군에 군감(郡監), 면에
면감(面監)을 두고, 국외에는 민단(民團)을 통하여 임시정부의 명령
전달과 기타 연락 임무를 처리하게 하였다. 이것은 임시정부 활동
중 가장 효과를 거둔 방략이었다.

　3월 1일 독립 선언 이후 5월까지에 이르는 동안에 국내외를 통
하여 통일 전선이 대강 완성되었다. 한편으로는 강화 회의 중심의

여운형(1886~1947)
1919년 상하이에서 임시정부 수립에 힘썼으며 임시의정원 의원과 외무부 차장으로 활동하였다. 같은 해 일본을 방문하여 일본의 자치제 제안을 반박하고 즉시 독립을 주장하였다.

실제 운동을 하고, 한편으로는 독립 실현의 지구전을 준비하니, 그중에는 인구세 징수·무관 학교 설립·미국 여론 고취·소련과의 연락 등 시책이 있었다. 그러나 본디부터 비무력적 선전 본위의 운동이므로, 그 성과도 대개 세계의 동정을 널리 얻어내는 이상을 넘을 수 없는 것은 어쩔 수 없었다.

1919년 6월 28일에 연합국 대 독일 간의 베르사이유 강화 조약 성립을 시작으로 하여 다른 4국과의 조약도 차례로 체결되었다. 그러나 유럽에 있는 약소민족 문제도 타당한 귀결을 얻을 수 없는 실정이어서, 원동(遠東)의 조선 문제는 더 등한시될 수밖에 없었다. 이어 세계 평화의 유지를 목적으로 한다는 국제연맹이 성립되었으나, 강대국 중심의 균형 유지가 중심이라는 제약은 윌슨 같은 이의 도학가적 이상을 고려할 겨를이 없었다. 그리하여 조선 독립의 운동에는 방향 전환이 요구되고 있었다.

다만 강화 조약 성립 직후에 미국 의원으로 구성된 동양 시찰단이 찾아온 것은 진실로 헛되지 않은 거사였다. 8월 하순에 우리 국경으로부터 상하이·베이징으로 돌아다니는 동안에 일본의 방해를 무릅쓰고 국내외의 요인이 가능한 한 많이 접촉하여 실정을 인식시키기에 노력을 경주하였다. 이것은 조선 독립을 결코 막지 못하리라는 신념을 그들에게 심어주는 데 크게 유효하였다.

1919년 중 막판의 쾌사(快事)는 임시정부 외무차장 여운형(呂運亨)의 도쿄 출동이었다. 독립 운동이 갈수록 치열해지는 것을 보고

대책을 세울 방도를 모르는 일본의 하라 다카시(原敬) 내각은 상하이 정부를 향해 우리 요인과의 면담 회견을 청해 왔다.

여운형이 이에 응하여 11월 18일 도쿄에 이르러 정부 당국과 다방면의 실세들과 의견을 교환하였다. 27일에는 각 신문의 기자를 숙소인 제국호텔로 불러 모아 수 시간 동안 조선 독립의 필연성을 격렬하게 변론하였다. 연설에 이어 어려운 문제에 잘 응해주어 모인 사람들에게 큰 감명을 주고, 29일에 출발하여 조선을 거쳐 상하이로 돌아왔다. 도쿄 체재 중에 일본 정부가 국빈 대우를 의미하는 신주쿠(新宿) 어원(御苑) 관람을 시킨 것이 뒤에 정계에 큰 파란을 야기한 것 또한 민소(憫笑)할 하나의 에피소드이었다.

제3장 임시정부

1. 일제의 무단 통치와 국내외 의열 투쟁

조선의 실상과 조선 민족의 진의가 천하에 분명하게 드러난 이래로, 일본 본토는 심하게 경악하여 우려의 빛이 깊었다. 총독부 당국은 급히 강압적인 새 법령을 제정하여 형벌을 엄하게 하는 것으로 대응했지만 운동의 정세는 요원의 불길보다 사나워서 억누를 방법을 몰랐다.

사이토 마코토(齋藤實)
조선총독부 제3대 총독
(재직 1919~1927)

그러자 드디어 책임자인 총독 하세가와 요시미치(長谷川好道) 이하 수뇌부를 파면하고, 사이토 마코토(齋藤實)를 제3대 총독으로 하여, 나라에서 뛰어난 인재를 뽑아 보좌진으로 삼아 조선에 가서 국면을 수습하게 하니, 이에 사이토 마코토가 두터운 진용을 갖추어 가지고 9월 11일에 경성에 이르렀다.

나석주 열사 동상과 의거지(서울, 중구)
1926년 동양척식회사와 식산은행에 폭탄을 던졌고, 다시 조선철도회사로 가서 일본인들을 저격하였다. 추격전 중 총으로 자결하였다.

경성역 앞에는 미리 엄밀한 경계망을 폈지만, 사이토 마코토의 마차가 막 출발하려 할 즈음에 하늘이 무너지는 듯한 요란한 소리가 만인의 귓불을 때리면서, 비린내 섞인 연기가 역 일대를 잠그고 비명 지르며 도망치는 상황이 한참 동안 그치지 않았다. 이는 동만주 방면으로부터 입국하여 미리 이날을 기다리던 노인 강우규(姜宇奎)가 조선 대중의 총독 정치 거부라는 민족의 의지를 폭탄에 얹어 표시한 일격이었다. 신문 기자 외에 여러 명이 죽거나 다치고, 사이토 마코토는 겨우 목숨을 보존하였다.

이에 사이토 마코토는 제도 개선·민의 창달과 일반 관리의 패검(佩劍) 폐지, 신문 허가 약속 등 이른바 문화 정책의 가지가지를 행하였다. 그러나 이러한 어린애 같은 기만술이 조선인의 강인한 독립 정신을 닳아 없앨 수 없음은 물론이고, 폭탄을 사용한 민의(民意) 표명은 뒤를 이어 경향 각처에서 일어났다.

다음해 1920년에 김원봉(金元鳳) 등이 길림에서 의열단(義烈團)을 조직하여 일본 기관의 파괴와 아울러 지구전 단계로 들어갔다. 나라 사람들이 정신 차리도록 하기 위해 오로지 과격 수단을 취하기로 정한 이래로, 이 작전이 더 자주 행해지며 다시 근거지를 상하이로 옮겨간 뒤에 이 경향이 크게 변하였다. 의열단과 방계 단체가 실행한 폭탄 사건의 중요한 것들을 들어 본다.

1920년 8월 15일의 신의주역 폭파 미수 사건 이래로, 1921년 9월 12일에 김익상(金益相)의 총독부 다나카 기이치(田中義一) 폭격, 1923년 1월 12일의 경성 종로서 직격, 1924년 1월에 김지섭(金祉燮)의 도쿄 황궁 이중교(二重橋) 폭탄 투척, 1926년 12월 28일에 나석주(羅錫疇)의 식산은행과 동양척식회사 침입 폭탄 투척 등이 그때마다 사람의 간담을 서늘하게 하였다.

이와 병행하여 명성과 위세를 도운 것들이 있다. 1920년 6월에 창성군 대창면장, 8월에 은율군수,

김상옥 동상
(서울, 종로 마로니에공원)
1923년 1월 12일 종로경찰서에 폭탄을 투척하고 은신해 있다가 1월 22일 효제동 일대에서 일본 경찰과 3시간의 접전을 벌이다가 자결, 순국하였다.

9월에 후창군수가 다 독립 운동을 방해한 죄로 해외에서 들여보낸 요원에게 사살되었다. 1920년 12월에 보합단원(普合團員)이 경성 종로경찰서의 순사 한 무리를 사살하였고, 1921년 12월에는 참정권 운동을 표방하고 전선을 혼란하게 하는 민원식(閔元植)이 도쿄에서 양근환(梁槿煥)에게 사살되었다.

1922년 7월에는 이만영(李滿榮)이 정무총감 아리요시(有吉) 암살의 사명을 띠고 국경을 돌파하다가 강계에서 순사 여러 명을 사살하고, 이어 8월에 덕천에서 자위단원 1명을 살해하고, 9월 9일에 평양에까지 이르러서 경찰에게 발견되어 접전 끝에 해를 입었다.

조선독립운동사

1923년 1월 17일에는 김상옥(金相玉)이 중대 사명을 띠고 경성 시내에 잠복하였다가 경관이 체포하러 오자 12연발총으로 3명을 난사하고 가뭇없이 사라져 수사진을 당황하게 하다가, 22일에 시 전체의 경찰대가 찾아나서 숨어 있던 곳을 들이치자 용감히 최후의 일전을 벌여서 적진이 어지러워짐을 보고 웃으며 죽어갔다.

이 비슷하게 함양(咸陽) 궁전 위의 형경(荊卿)과 박랑사(博浪沙)의 창해역사(滄海力士)를 무색하게 하는 맹탄(猛彈) 의폭(義爆) 사건은 가끔 섬광처럼 여기저기 일어나서, 하마 늘어질 뻔하는 일반의 신경을 부쩍 긴장하게 하였다.

2. 1920년대 일제의 독립군 탄압과 국내외 독립 운동

여기서 우리가 특별히 적어 두어야 할 것은 유명한 훈춘 사건이란 것이다. 간도 저쪽의 운동이 무력적 직접 행동으로 흘러간 것은 이미 언급한 것으로, 1919년과 1920년 사이에 러시아 방면으로부터 무기 입수가 쉬워지고, 이 방면에 있는 독립단의 실력 행사가 그대로 왕성하여졌다.

1920년 5월 4일에 상당한 부대가 두만강 월경 작전을 수행한 이래로, 뒤를 이어 간도에 있는 일본 영사관을 습격하여 불태우고 수많은 일본인을 살해하고, 개항장 안에서 백주에 일본 경찰관을 살해하는 등 거듭거듭 발생하는 사변에 진실로 적들이 대응하기에 겨를이 없게 하였다.

그러다가 9월 상순에 이르러 독립단의 대부대가 훈춘을 습격하여 거류 일본인 대부분을 죽였다. 10월 2일에 다시 러시아 과격파와 중국의 관병(官兵)·마적 등과 연합한 더 큰 독립단이 대거 훈춘으로 진군하여, 일본 측의 관용 또는 개인 건물과 일본군·일본인을 거의 전부 도륙하는 큰 거사가 있었다.

일본에서는 허겁지겁 수많은 병력을 조선이나 기타에서 보내서 큰 접전의 끝에 겨우 원상회복하였으나, 그 당시의 경황은 비길 데 없었다. 이 뒤에 여러 번에 걸쳐서 일본이 간도에 출병하여 비할 데 없이 잔학하게 살육을 행하고, 저들의 이른바 간도 공산당 사건 이하 허다한 만행 기록을 남기게 된 것은, 진실로 이 방면에 대한 공포심이 일종의 강박관념으로 변화하였기 때문이었다.

1921년과 1922년은 동아시아 정세에서의 대전환기였다. 가깝게는 수년 이래로 극도로 분란을 일으켰던 시베리아가 1921년 1월에 노농정부계의 극동공화국으로 통일되어, 공산주의 선전의 동방 근거지가 확립되고, 수도 치타에 한족 공산당 본부가 있어서 그 파동이 우리 각 방면에 전파되었다.

1922년 8월에는 1918년 이래로 시베리아에 진주하였던 일본군이 극동공화국과 협상한 결과로 철병을 개시하였다. 이에 적군(赤軍)과 백군(白軍)의 최후 충돌이 전개되는데, 조선인이 적군에 가담 활동하여 그 바람에 허다한 무기와 군수 물자를 획득하였다. 이는 실로 만주와 노령 방면에서 우리 독립군이 이 뒤로 오래도록 무장을 유지하여 나가게 된 근본 원인이었다.

멀리서는 1921년 11월부터 다음해 2월에 걸쳐서 미국 워싱턴에서 태평양 및 극동 문제를 중심 의안으로 한 9개국의 회의가 열리자, 우리 정부의 구미위원부는 절호의 기회로 삼아서 조선 문제를 제기하여 자못 효과를 거두었다.

그러나 공산주의 운동의 침윤(浸潤)은 어느 틈에 사상적 혼란을 초래하였다. 1922년 중에는 정부 요인 간에 국책(國策)에 대한 의론이 약간 갈림길을 만들다가 마침내 각각 옳다 하는 방면으로 나뉘어서, 각자 가는 길은 다르나 귀착은 같게 하는 성과를 거두기로

할 수밖에 없었다. 무력 투쟁을 위주로 하는 이동휘의 일파는 시베리아로 향하여 공산주의 운동으로 몰입하였다. 인재와 실력 양성에 치중하는 안창호의 일파는 종래의 흥사단의 확대 강화에 힘쓰는 동시에 북중국 · 몽골 · 지린(吉林) 등지에 농촌 건설에 나섰다.

이와 달리 의연히 정치 중심으로 나가는 이들 중에는 중국의 혁명 동지와 중한호조사(中韓互助社)를 설립하기도 하고(1920), 모스크바의의 원동(遠東) 피압박 민족 대회에 참석하기도 하였다(1923). 또 세계 신흥 계급과의 결탁에 뜻을 둔 여운형과 의연히 국제연맹을 통하여 조선 문제의 새로운 전개를 꾀하려고 힘쓰는 이승만 등이 있었다(1924). 이러한 변화 추이를 모르는 체하고 정부가 미주에 있는 동포들이 당초의 정한 바대로 부과한 납세 · 출연 등 재력 면에서의 보호 유지 의무를 끝끝내 충실히 지킨 것은 모든 사람이 칭찬하는 표적이었다.

이와는 딴 뺨으로 무장 독립 운동 본위로 강인하게 국경 돌파 작전을 계속하는 쪽이 두만강과 압록강 건너에 있었다. 무릇 이 방면에는 일찍부터 곳곳에 무관 학교가 세워져 있어서 활을 잡고 분해하며 장탄식을 하는 분위기이더니, 독립 선언 이래로 이런 경향이 와짝 늘고, 또 시베리아 방면에 무기 공급원을 가지고 있는 관계로 실전(實戰) 부대의 편성 장소와 가까웠다. 그래서 1919년 이래로 과감하게 월경하여 도전하는 사건이 거의 끓일 새 없었고, 지세를 이용하는 신출귀몰한 작전은 흔히 적측의 일방적 패배로 끝을 볼 뿐이었다. 1920년의 훈춘 사건이 그 좋은 예이다.

적의 편에서는 이를 두고 이른바 조선 통치의 암이라 하여 대책 강구에 급급하였지만 순수한 충성과 초인적인 용맹 앞에서는 어찌할 수가 없었다. 마침내 국경 수천 리 거리에 10리마다 1보(堡), 5리마다 1자(砦)를 촘촘하게 건설하여, 이 새로운 형태의 만리장성을 의지하고, 항상 전쟁터에 있다는 마음으로 괴로운 싸움을 계속하기로 하였다.

이 결과 총독부 예산의 대부분이 경찰 비용이고, 경찰 비용의 대부분이 국경 경찰 비용이어서 이른바 사이토 문화 정책의 비극적 대파탄이었다. 다만 1925년 6월에 경무국장 미쓰야 미야마쓰(三矢宮松)가 펑톈(奉天)에 가서 중국 동북 정권과 국경 경비에 관한 협정을 체결하여, 이 결과로 우리 독립단의 행동이 크게 제약을 받게 된 것은 극히 유감스러운 일이었다.

허다한 독립군 중에 가장 두드러진 자를 약간 들추어 보면, 동만주 중심인 홍범도(洪範道) 등의 독

김좌진 초상

김좌진은 1920년 10월 청산리 계곡에서 일본군 수천 명을 사살하는 성과를 거두었다. 청산리 전투는 독립 전쟁사에서 가장 빛나는 승리로 꼽힌다.

립단, 남만주 중심인 오동진(吳東振) 등의 통의부(統義府: 또는 正義府), 북만주 중심인 김좌진(金佐鎭) 등의 신민부(新民府; 또는 參議府) 등이 있었다.

후일에 북만주의 모든 군대를 통일하여 만든 이청천(李靑天) 등의 국민부(國民府)는 수가 수십만을 헤아린다는 큰 집단이었다. 우리는 이 군의 위용을 생각할 때에 다년간 군량 등 군수 물자를 대어 온 만주의 우리 농가의 눈물겨운 노고를 깊이 새겨두어야 한다.

일본 특히 도쿄 지방은 우리 지식 청년들이 다 모여 있는 곳으로서, 시대에 대한 감각이 예민하고 또 과감한 실행력을 가지고서 그 전에도 항상 민족 운동의 첨단 노릇을 하였다. 사회과학 사상에서 얻어 온 노동 운동 방법을 민족 투쟁 선상에 도입하는 분위기가 또한 도쿄에 있는 청년 학생의 사이에서 시작하였다.

병합 후에 수많은 노동자가 일본으로 가서 탐욕스런 자본가의 착취 대상이 되었으나, 그를 아랑곳하는 이가 없었다. 1919년 이래로 유학생 중에서 뜻 있는 이가 여기 들어가 자본 측에 대한 항쟁을 개시하였으나 오히려 반향이 크지 못하였다.

그러다가 1922년에 니카타현(新潟縣)의 시나노강(信濃川) 수력 공사 현장에서 8백 명 조선 노동자가 학대와 부당 착취를 당하는 사실이 유학 청년의 손을 통해 사회 표면에 폭로되기에 이르렀다. 조선인 노동자 문제가 와짝 세간의 주의를 끌고 이를 민족 운동 전선의 일부로 전용하여 의외의 진전을 보게 되었다.

이 전후로부터 도쿄의 유학생 세계에 사회과학 연구열이 일어나서 궁색한 민족 전선을 사회 운동으로써 타개하려는 경향이 생겼다. 이 풍조가 조선으로 스며들어, 1922년 4월에 경성에서 종래의 조선청년연합회 중의 좌익분자가 새로 서울청년회를 조직하고, 여름에 도쿄 학생이 돌아와서 신사상연구회를 조직하였다. 이때부터 청년층에는 좌경적인 자가 많아지게 되었다.

한편으로 시베리아·상하이를 거쳐 들어오는 제3국제당(러시아의 노농 정부 확립 후 1919년 3월 2일 모스크바에서 결성)의 소식이 크게 이 기세를 부채질하였다. 1923년 이후에 화요회, 북풍회, 조선노농총동맹, 조선청년총동맹, 조선공산당, 고려공산청년회, ML조선공산당 등이 이합집산을 거듭하면서 각종 파문을 만들었다.

그러다가 1927년 2월에 한번 돌이켜 반성하여 민족과 사회 두 운동이 해방을 계기로 하는 단일 전선을 결성하기로 하여 신간회(新幹會)를 조직하였다. 여성 쪽으로는 근우회(槿友會)를 만들어서 새 기고(旗鼓)로써 전열을 폈다. 그러나 퍼부어 오는 탄압에 기를 펼 날이 없었다.

이 사이에 1923년 9월 1일 도쿄 부근 1부(府) 8현(縣)에 대지진과 대화재가 일어났다. 가옥 피해가 60여 만, 인명 사상이 24만 건에 달하고, 여진이 여러 날 계속하여 인심이 극도의 두려움에 빠져 있었다. 그러던 중에 관변(官邊)으로부터 조선인이 사회주의자와 연결하여 변란을 꾸밀지 모른다는 망언이 흘러 나왔다.

그러자 재난 구역 내의 인민이 자위단을 만들고, 총검 죽창을 소지하고 조선 교민을 다 찾아내 가해하되, 여성을 옷 벗겨 욕보이고 어린애를 난도질하는 등 방자하게 언어도단의 참학(慘虐)을 벌이니 그 수가 천·만을 헤아렸다. 이는 중세기 유럽의 유태인 학살보다 심한 만행으로서, 실로 일본인의 잔인한 본성을 적나라하게 드러낸 일이었다. 외국 사신의 경고로 며칠 뒤에 형식적으로 금지령을 내렸지만, 사실은 오히려 계속하여 처참한 광경이 도처에 벌어졌다.

이 사실이 전해지자 고국 동포의 분통은 물론이고, 일본측 관변(官邊)이 당황하여 어쩔 줄 모르는 게 더할 나위 없었다. 마음 바른 인사는 이러한 원통한 악업을 지은 이상 두 나라의 화합은 영원히 바라지 못할 것이라며 한탄하였다. 통신과 사진이 전파됨에 따라 세계의 비난이 들끓고, 혹은 1919년의 수원 사건을 연상하고 조선인이 독립해야 할 이유가 절대적인 당위성을 가지게 되었다고 분개하며 말하는 이가 있었다. 또 1925년에는 도쿄에 있던 무정부주의자 박열(朴烈; 본명 朴準植)이 민족적 복수를 위하여 폭탄으로 일본 황실에 위해를 주려 한 사건이 있어 내외를 놀라게 하였다.

1926년 4월 26일에 융희 황제(후에 순종이라 함)가 돌아가시자 이 소식이 경성 내외에 널리 퍼지고, 남녀노소 할 것 없이 돈화문 앞에 달려가 곡하는 자가 넘쳐나 발길이 어지러웠다. 밤낮으로 또 날마다 토해내는 울음의 빛이 한산수(漢山水)를 우울하게 하니, 진실로 옛 나라를 추모할 최후의 의지처가 이제 모두 없어져 허허로움을 슬퍼하여 마음을 거둘 수 없었던 것이다.

일본인이 이를 보고 처음에는 놀랄 만큼 의아해하다가 이어 근심하고 두려워하였다. 혹자는, 광무제 붕어 때는 만세로 곡하고 이제 융희제의 붕어에는 곡으로 만세를 삼은 게 다를 법하지만, 그 의미가 모두 고국 회복의 부르짖음임을 우리가 어찌 모르겠는가 하였다.

4월 28일에 총독 사이토 마코토가 곡반(哭班)에 참여하는 것을 노려서, 눈물바다 속에서 한 용사가 홀연 비수를 번득이면서 바로 사이토 마코토의 머리를 찔렀으나, 과녁이 틀려서 다른 사람을 죽였다. 그러나 이는 실로 슬퍼 모인 대중의 공분을 나타내는 쾌거이었다. 이에 이어 상하이의 의열단이 4용사를 보내 폭탄을 가지고 입국하게 하다가 배 안에서 붙잡힌 것은 당시의 답답한 인심을 반영하는 것이었다.

민족 운동과 사회 운동이 똑같이 막다른 골에 들었을 때에 우리 독립 정신은 새로운 전선을 펼 준비가 되어 있었다. 그것은 오랫동안 식민지성 기만 교육에 휘둘리면서도 오히려 예민한 양심과 신선한 생기를 지니고 나오는 학생층의 반발력을 활용하는 것이었다. 학생 전선의 묘포와 온상은 진작부터 북을 돋워서 어디서든 일촉즉발의 아슬아슬한 기틀에 다다라 있었다.

1929년 11월 3일에 광주의 모든 학교가 제전(祭典)에 참가하고 흩어져 돌아가다가, 마침 일본인 중학생 몇이 우리 여학생에게 모욕적 언사로 희롱하자, 조선 측 학생의 의분이 일시에 터져 나왔다. 작은 말다툼으로부터 시작하여 드디어 조선과 일본의 모든 학생 각 수천 명의 싸움으로 발전하였다. 다시 양쪽 시민이 참가하기에 이르러 형세가 자못 무서워졌는데, 격렬히 싸운 지 3일 만에 군대가 출동하여 겨우 제지되었다.

그러나 광주 학생만이 아니라 하는 듯이 각 지방의 중등학생층이 차례로 궐기하였다. 각각 필요한 수단을 취하고, 많이는 동정의 의미로 동맹하여 휴교하여, 한때는 나라 안 중학교의 기능이 거의 정지하기에 이르렀다. 그러다가 다음해 3월부터 차차 휴지기로 들어갔다.

당시 관변의 발표에 따르면, 학생 소요 사건에 참가한 학교 수가 194, 학생 수가 5만 4천에 달한다고 했다. 물론 모든 수를 다 반영한 것은 아니다. 이 뒤 경성대학 이하의 각 전문학교 층에서 빈발하게 된 반제국주의 운동은 실로 이러한 학생 운동의 연장으로 보아야 한다.

광주 학생독립운동 기념탑(광주)
광주 학생독립운동은 1929년 1월 광주에서 시작되어 이듬해 3월까지 전국에서 벌어진 학생들의 시위 운동이다. 3·1운동 이후 가장 대규모의 항일 운동이다.

이에 이르러 조선 인민의 독립 운동은 어언간 10년의 세월을 보냈다. 빈손에 한마음으로 이렇게 강인하고 깊은 반발력을 발휘한 것은 진실로 역사상에 드물게 보는 하나의 기현상이라고 할 수 있다. 국내외를 막론하고 이용할 수 있는 정세는 다 거두어 약통에 안 넣은 것이 없었다. 비록 팔방이 꽉 막혀 수족을 움직일 틈이 없는 지경에 이르더라도 오히려 원통무애(圓通無礙)하며 부침자재(浮沈自在)하는 변통법(變通法)을 만들어냈다.

어느 때는 교육을 구실로 하여 민립 대학을 세우며, 어느 때는 생업을 위장하여 국산 장려를 부르짖고, 혹은 이충무공의 묘전(墓田) 수호로써 적개심을 앙양하며, 혹은 월남 이상재(李商在)의 사회장(社會葬)으로 민족의 기운을 고취하며, 관청이 농촌 진흥에 착수하면 이를 농민 운동으로 역이용하며, 당국이 심전(心田) 개발을 제기하면 이를 국혼 환기로 돌렸다. 이 모두가 일본이 거의 대응할 겨를이 없을 만큼 묘수의 방법이었다. 이러면서 소리 없이 돌아가는 천기(天機)를 관망하고 있었다.

1922년의 분열 이후에 상하이 임시정부는 기능이 점점 쇠해지고, 몇몇 원로들이 외로이 자리를 힘써 붙들고 있을 뿐인 듯했지만, 훗날 웅비의 부등깃이 실상 이 동안에 자라나고 있었다는 것을 아는 이는 알았다. 그것은 김구·김원봉 등 의열단을 기초로 하는 한 그룹이, 단체로는 중국의 국민단 내지 남의사(藍衣社), 개인으로는 장제스(蔣介石)·랴오중카이(廖仲愷) 등과 특수한 친밀 관계를 맺어서 한중 양국이 함께 혁명을 약속하게 된 것이다.

1924년 4월에 광둥성 황포도(黃埔島)에 설립된 국민당 군관학교에는 조선의 지사가 교관이나 생도로 많이 참가하여, 장제스의 국민 혁명 완성과 그것을 통해 반드시 조선 독립을 성공시키리라 기약하였다. 이 뒤 군관 학교 출신을 중심으로 하는 장제스의 새 세력이 실제로 움직였다. 1925년 4월 쑨원이 죽은 뒤에 쿠데타를 단행하여 좌경적 분자를 일소하고, 1927년에 드디어 상하이와 난징을 점령하여 국민정부와 중앙당을 난징에 두었다. 그 뒤 십수 년 동안 반대 세력 제압과 국민당 정부가 하는 중국 통일의 모든 책동에는 반드시 조선인의 중요한 협조가 있어 왔다.

3. 1930년대 만주 사변과 국내외 독립 운동

병합 이래로 중국은 조선을 거울로 삼아 일본의 독이빨에 대해 경계를 심하게 하였다. 더욱이 난징의 국민정부가 확립된 후부터 중국인의 국권 회복 운동이 나날이 강화하여, 만주에 있는 일본의 권익이 차차 위기에 가까워졌다. 이에 일본은 러시아의 견제력이 취약해진 틈을 타 이참에 만주를 병탄하여 버릴 야심을 품었다.

여기에 앞서 조선인과 중국인을 이간시키는 것이 필요하다 생각하여, 1931년 7월 1일에 만주의 지린성 창춘현 만보산 삼성보(三姓堡: 장춘 서북 약 50리)에서 일어난 조선 농민과 중국 사람 간의 조그만 분쟁을 마치 큰 충돌이 나서 조선인이 박해를 받고 있는 것처럼 선전하고, 경성의 한 신문이 이를 폭동이라고 보도하였다.

진상을 모르는 조선 내지인이 공연히 격분하여 7월 3일 이후 조선 각지에서 중국인 보복 박해 사건이 일어나서, 수백 명의 사상자를 내고 수많은 노동자가 폐업하고 돌아가기에 이르렀다. 이 사실이 중국으로 보도되어 한때는 한중 양국인 간의 감정이 친화를 잃을 뻔했는데, 임시정부와 기타 각 기관의 진상 천명으로 얼마 안 가 서로 마음이 풀렸다.

그러나 일본은 짓궂게 이것을 장쉐량(張學良) 정권의 책임이라 하여, 조선 농민의 실력을 보호할 필요를 얘기하였다. 이어 9월 18일에는 펑톈(奉天) 북방의 류탸오거우(柳條溝)에서 중국 군대가 철도를 폭파하였다는 사건을 만들어서, 저희 관동군이 출병하고 조선군이 거기에 참가하여, 중국의 군사 기관을 점령하였다. 그리고 차차 행동을 확장하여 마침내 장쉐량 정권을 전복하고 만주 전체를 차지하였다. 이것이 이른바 만주 사변이다.

다음해 3월 1일에 청나라 마지막 황제였던 푸이(溥儀)를 추대하여 만주국을 세우고, 왕도(王道)라는 미명으로 국토 강탈의 음모를 성취하였다. 중국이 동북 지방을 허무하게 상실하자 항일 구국의 소리가 와짝 천지를 뒤흔들었다. 이에 조선의 임시정부 이하 각 단체가 오래간만에 활발하게 활동할 기운을 붙잡아서, 한중 공동의 항일 전선이 기약치 않고 버젓하게 전개하였다. 중국의 배일 단체나 구국군에 들어가서 행한 협동 작전은 말할 것도 없지만, 우리 독자적인 입장으로 대응할 방법이 이모저모로 강구되었다.

그 일단으로 만주 사변이 일어난 직후에 임시정부를 대표한 이승만이 미국으로부터 제네바로 건너갔다. 일본의 대륙 침략 정책이 만주로 만족하지 않고 반드시 중국 전체를 침범할 것이므로, 그것을 막으려면 빨리 조선 독립을 실현하여야 한다고 국제연맹 관계자에게 극력 선전하였다. 한편으로는 『아웃룩』 이하의 유력한 잡지에 이 뜻을 널리 알려 세계 여론을 움직였다.

다른 한편 난징에서는 10월에 만철 총재 우치다(內田)를 암살하려다가 미수에 그쳤고, 1932년 1월 6일에 의열단 특파원 이봉창(李奉昌)이 관병식(觀兵式) 후 돌아가던 일황 어가를 저격하였다. 이것을 상하이 · 난징 · 푸저우 등의 여러 신문에서 찬양조로 보도하자, 일본이 이 사건을 유도하여 드디어 무력 항쟁으로 나와서 이른바 상하이 사변이 일어났다.

교전 중에 있는 중국 제19로군의 용감성은 세계의 칭찬을 널리 받았는데, 그중에는 조선인이 많이 끼어 있었다. 3월 3일에 군사 행동은 멈췄으나 많은 일본군이 상하이에 주둔하게 되고, 육군대장 시라카와 기이치(白川義一)가 총사령관으로 재임하였다.

그해 4월 29일에 홍커우(虹口) 공원에서 일황 탄신일 축하식을 화려하고 성대하게 거행하고 있었다. 의열단원 윤봉길(尹奉吉)이 단상의 정면에 폭탄을 투척하여 총사령관 시라카와가 즉사하고 해군 중장 노무라(野村), 육군중장 우에다(植田), 공사 시게미쓰(重光) 이하 문무 대관 다수가 중상을 입고, 교만한 기운이 서렸던 식장이 금세 아비규환의 벌판으로 변했다. 이것은 당시 중국인 일반의 만곡유음(萬斛溜飮)을 돈하(頓下)하게 한 쾌거이었다. 또한 실행에까지 못 가고 발각된 것에는, 조선 총독 · 재만 일본 고관 · 국제연맹 조사단의 폭살(爆殺) 계획 등이 있었다.

상하이 사변은 일본에서는 이누카이(犬養) 내각 시대의 정치 상

윤봉길 의사(1908~1932)
1932년 4월 29일 상하이 훙커우공원에서 열린 일왕의 생일날, 행사장에 폭탄을 던져 일본 고위 장성들을 사살했다. 이 의거 후 한중 항일 협조가 크게 진전되었다.

황을 악화시키는 원인이 되고 중국의 난징 정부에도 일대 타격이 되었지마는, 마지막 윤봉길의 한 발이 일본의 전승 의지를 분쇄하고 중국의 항전 용기를 용솟게 하고 조선인의 무서운 의용(義勇)을 세계에 분명히 보여준 공이 하얼빈역 앞의 안중근 이상이라는 평을 얻었다.

김구계 지사들이 중국 국민당에 절대적인 신뢰를 받는 것은 실로 여기에 크게 힘입었다. 전해지는 말로는 국민당수 장제스는 윤봉길을 찬탄하면서, "중국 4억만이 할 수 없는 일을 조선인 한 사람이 해냈도다." 하였다 한다. 의열단은 한편으로 일본 요인 암살, 항전 진용 정비를 위하여 단원을 계속 본국으로 잠입시켜서 사람들에게 한때 강대한 자극을 주었다.

만주국 건국 후에 만주에 있으면서 만주국에 불복하던 중국측 군인이 지방으로 분산하여 게릴라 항전을 시작하였다. 30만이 넘은 조선의 기존 독립군이 새로 기세를 얻어 반만(反滿) 항일 전선에 합류하여 광대한 지역에서 동에 번쩍 서에 번쩍하여, 이른바 치안이 언제나 확립될지 앞이 캄캄하였다.

특히 조선계의 반만군(反滿軍)은 여러 해를 두고 산악 험지에서 내핍 인고의 작전에 단련된 사람들이고, 장백산 산록의 지리를 훤히 꿰뚫고 있었다. 그래서 그 지세를 자유롭게 이용함으로써 일본군이 아무리 가서 공격을 해도 백전백패를 되풀이하고, 다만 잡았다 놓아주기를 맘대로 하는 그들의 뛰어난 계략을 감탄하고 돌아오는 게 유일한 결과라 할 지경이었다.

그 뒤 건국 10년의 사이에 중국계의 항일군은 거의 소멸하여 남은 자가 얼마 되지 않았지만, 동변도(東邊道)로부터 동부 국경에 걸치는 산악 밀림 지대에 출몰하는 조선계의 의병은 오히려 수천 명의 세력을 갖고 있어서, 교묘하게 소련과 중국 공산군과 연락을 취하면서 만주국을 반드시 뒤집고야 말겠다고 호언하고 있었다.

만주국에서는 이들이 있기 때문에 백 가지 대외 선전이 죄다 무의미해지기 때문에 토벌과 회유의 강온책을 다 썼다. 마지막에는 수천만 엔(圓)이라는 큰돈을 들여 장백산 안에 소탕 작전용 큰길을 만들어서 철저히 쫓아내 자멸시키려고 하였으나 이 또한 부질없이 되었다. 만주국이 조선 의병 때문에 희생한 것이 금전만 억대를 헤아리고, 나라는 망할지언정 조선 의병은 소멸할 날이 없으리라고 했다.

처음에 조선 의병의 수가 많을 적에는 각자 행동을 취하여, 두드러진 것만 하여도 김일성·박득범(朴得範)·김선(金先) 등 명장들이 나왔다. 그러다가 뒤에 차차 구심적으로 집약하여, 나중에는 김일성이 통일체의 대표가 되어서 김일성의 이름은 드디어 만주 정권 항쟁사상에 나타나는 허다한 인물 중 가장 큰 영웅적 표상이 되었다.

일본의 만주 강점 이후의 세계는 실로 끊임없이 변전하여 정신을 차릴 수 없는 격동기이었다. 국제연맹을 에둘러서 조사단이 동양에 파견되고, 중일 정전 권고가 결의되고, 일본의 5·15사건이 일어나고, 중국·러시아의 국교가 회복되었다(1932). 일본이 국제연맹에서 탈퇴하고, 독일에서 히틀러가 독재 권력을 잡고 이어 국제연맹과 군축 회의에서 탈퇴하고, 중국 각지의 배일 운동이 날로 격화되고, 까마득하던 미국·러시아 국교가 갑자기 회복되었다(1933). 이탈리아가 이디오피아를 침략하고, 일본이 워싱턴 조약을 폐기하였다(1934).

북중국에 일본을 배경으로 하는 자치 정권이 여기저기 생기고, 동일한 맥락에서 생기는 내몽고 덕왕(德王)이 독립을 선언하고, 모스크바의 코민테른 제7회 대회가 종래의 이념에 빠지지 않고 휘뚜루 인민 전선의 전개에 힘쓸 것을 결의하고, 자르 지방이 독일로 복귀하고, 이어 독일이 베르사이유 조약 중 군사 조항을 폐기하고, 미국에서 독립하여 필리핀 공화국이 성립되고, 국제연맹이 이탈리아에 대한 단교를 결정하고, 런던에서 군축 회의가 열렸다(1935).

일본이 런던 군축 회의에서 탈퇴하고, 이어 2·26사건이 나서 도쿄에 계엄령이 내리고, 독일이 로카르노 조약을 파기하고, 라인란트에 무장이 단행되고, 이탈리아가 이디오피아를 병합하고, 스페인에 인민 전선에서 연유한 내란이 일고, 만주 북쪽 국경에 일본군과 소련국의 충돌 사건이 자주 일어나고, 중국에 시안 사건이 나서 국공 합작의 항일 국책(國策)이 확립되었다(1936).

이것들이 다 낱낱이 "산가에 비가 오려 할 때는 이미 바람이 다락에 가득 찬다."[1]의 의미를 머금지 아니한 것 없었다. 또 이것이 다 연쇄적으로 일본의 교만한 기세를 길러서 재앙의 단계를 빠르게 하며, 중국의 각성을 재촉하여 통일 구국을 실현하게 하며, 내켜서는 세계적인 대변화의 기운 중에 조선 부활의 광명이 태동하는 전조가 아닌 것이 아니었다.

일본의 발호는 그대로 중국에 압박이 되고, 중국 인민의 배일 의식은 그대로 채워져서 드디어 일전(一戰)으로 자웅을 가리고 말겠다는 서슬을 보였다. 이에 일본은 중국이 진용을 완성하기 전에 제압하려고 기회를 엿보고 있었다. 유럽에서 독일과 이탈리아가 대두하여 다른 정신이 없을 듯한 정세가 되자, 1937년 7월 7일에 베이징 교외 루거우차오(蘆溝橋)에서 중일 양군의 조그만 충돌을 발단으로 하여, 드디어 일본이 중국 제압의 야심을 염치없이 드러냈다.

원체 일이 거창하고 관계 범위가 예측이 불가능하여 일본의 중앙 정부에서는 처음에는 국부적으로 수습하기를 힘썼다. 그러나 원래 만주 탈취에 재미를 붙인 군벌이 계획적으로 시작한 일이라, 군인이 덜미를 짚어 가지고 국면을 추진하였다. 사태가 점점 분규를 거듭하면서, 북경 사변이라던 것을 금방 북지(北支) 사변이라고 고치고, 마침내 지나 사변이라고 일컫기에 이르렀다. 육해공의 대군을 동원하여 가장 끔찍한 전투 행위를 전개하면서, 줄곧 하나의 사변일 뿐이라고 숨기는 게 일반에게 더욱 괘씸한 인상을 주었다.

한번 대일 항전이 시작되자 오랜 분열로 버릇된 나라 안이 모두 다 장제스 산하로 들어와 구국 정신으로 일치하였다. 이념적으로

---

1 허혼(許渾)이 지은 시 「함양성동루(咸陽城東樓)」의 한 구절로, 사건이 생기려면 먼저 반드시 평온하지 않은 조짐이 일어남을 비유한 말이다.

서로 용납하지 못하는 공산당 홍군까지
도 자진하여 팔로군으로 개편되어 흔쾌
하게 장제스의 지휘를 받았다. 장제스의
중앙군이나 공산당의 팔로군을 통하여
조선의 의용병이 많이 참가하였고, 특히
이들이 두 군을 연결시키는 고리로서 특
수하고 중요한 일을 맡았는데, 과연 아
름다운 광경이었다.

김원봉(1898~1958)
일제 시기 동안 전형적인 무
장투쟁 노선을 보여준 인물이
다. 1919년 의열단을 조직, 6년
여에 걸쳐 단장을 역임하면서
숱한 폭탄 의거를 배후에서 지
휘·조정하였다.

항전 개시 직후에 구 임시정부의 활동
체로서 김구를 수령으로 하는 한국광복
단체연합회와 김원봉을 맹주로 하는 조
선민족대선연맹(朝鮮民族對線聯盟)의 양
대 단체가 성립하여, 제각기 한중 공동
작전상의 필요한 부분을 떠맡았다. 1937년 11월에 상하이가 일본
군의 손에 돌아가고 국민당 정부가 충칭(重慶)으로 천도를 결행하
자, 우리 임시정부도 일부분이 함께 충칭으로 들어가서 참으로 글
자 그대로 고락을 함께하기로 하였다. 그 일부분은 광둥(廣東)·광
시(廣西)·윈난(雲南)·후난(湖南) 각지로 분산하여 민중 집결·군관
양성 등에 종사하였다.

1938년에는 성자(星子)군관학교 특별 훈련반 수료자를 주체로
한 조선의용대를 편성하여 항일 각 전구(戰區)에 배속하여 특히 일
본군 점령 구역의 교란 공작, 정보 수집 기타 항전 임무에 힘을 다
했다. 1939년 2월에는 다시 광시성 류저우(柳州)에서 조직한 광복
진선(光復陣線) 청년 공작대를 선봉으로 하여, 우리 통일 전선의 강
화와 일반적 항일 선전에 노력을 새로 집중하였다.

이듬해 1940년에 이르러 종래의 여러 계통의 군인과 중국 군대
에 편입된 부대까지를 죄다 통일 결합하여 우리 정부 계통의 군대

한국광복군
1940년 9월에 창설된 대한민국 임시정부의 정규군이다. 1941년 태평양 전쟁 발발 후, 광복군은 중국 각지, 멀리는 인도, 미얀마 전선에 나가 일본군과 싸웠다.

를 독립 편성하여 광복군을 조직하고, 활동 범위를 크게 확대하였다. 1941년 12월 8일에 태평양 전쟁이 발발하자 12일에 드디어 일본에 대하여 당당히 선전 포고하고, 중국 군대와 제휴하여 왕징웨이(汪精衛) 군대 토벌에 큰 공을 세웠다. 내켜서 인도·버마 작전에는 미군의 일익으로 전투에 힘썼고, 대륙 각지의 작전에도 5천 명이상의 용사가 참가하여 이르는 곳마다 감탄의 표적이 되었다.

한편, 미국 거주 동포로 조직된 의용병 6백 명은 육해공 3군에고루 참가하여 우리 능력을 나타냈다. 특히 호주군에 배속된 한 부대는 사이판·필리핀 작전에서 제일선을 담당하여, 일본군 측에선 조선인 학병·징병들과 서로 호응하여 일본군을 쳐부수는 데큰 힘이 되었다. 광복군 진영은 충칭·시안(西安)·푸양(阜陽; 안후이성)의 세 곳에 나뉘어 있다가, 푸양 지대는 후에 톈진(天津)으로 옮겨졌다.

여기서 팔로군의 본체인 중국 공산당의 내력을 훑어보자. 중국공산당은 대개 1920년 상하이에서 발단하였기 때문에, 창건 당초부터 우리 임시정부 요인과의 사이에 상당한 관련이 있었다. 그 뒤발전 과정에 있어서도 직접 간접의 여러 가지 교섭이 끊이지 않았다. 우리 해방 전략상으로 보면 국민당·공산당이 똑같은 우군이요 서로 다를 것이 없었다.

여하간 당이 생긴 이래로 여러 가지 변천을 겪고, 장제스 중심의 국민당 정권이 확립된 후에 공산당 궤멸을 중국 통일의 선결 조건이라 하여 양당의 전쟁이 짓궂게 계속되는 중에 만주 사변이 일어났다. 이에 거국 일치로 대일 항쟁의 요구가 높아지고, 시안 사건으로 인해 내전을 중지하고 국력을 집중하여 일치하여 외적을 물리치자는 타협이 양당 간에 성립하였다.

1937년 2월의 5기 삼중전회(三中全會) 후에 중공은 민주주의로의 전향을 밝히고, 국민당은 산시(陝西)·간쑤(甘肅)·닝샤(寧夏)의 3성에서 도합 23현을 중화 소비에트 구역인 특별 행정구로 하여 중공 정권의 관할 하에 두기로 하여 항일 전선 통일이 형성되었다.

당시의 공산당은 산시성의 고도 옌안(延安)에 중화소비에트인민공화국 중앙정부와 중국공농홍군 혁명위원회를 두고, 중앙정부 주석에 마오쩌둥(毛澤東), 홍군위원회 주석에 주더(朱德), 홍군위원회 부주석에 저우언라이(周恩來)·왕지아세(王稼薔)를 앉혔었다. 이러한 정세 하에서 7월 7일의 루거우차오(蘆溝橋) 사변이 발생하자, 공산당은 종래에 주장해 온 항일 구국을 외치며 아무쪼록 사건의 확대를 꾀하여 '타도 일본 제국주의'의 성공을 꾀하였다.

이러할 즈음은 조선인 사이에도 공산주의의 조류가 한창 팽배하고, 한편으로 코민테른 제7회 결의로써 지령된 인민 전선 전개가 유행하는 때였다. 조국 해방에 열중하는 청년이 국내외로부터 옌안에 몰려들어 성심 협력하여, 드디어 굳건한 지반을 중공의 군대 안에 만들었다. 그 유파는 만주의 독립군에 연통하여 중국에서의 '항일 구국', 만주에서의 '반만 항일' 두 전선을 한손에 휘잡아 가지고 빛나는 전과를 연발하였다.

그 일단을 보자면, 1935년 8월 1일에 중국 공산당이 항일 구국

동북항일연군 전투 모습
동북항일연군은 만주에서 활동하고 있
는 조선인과 중국인의 유격 부대를 중국
공산당의 주도로 통합한 군사조직이다.

선언을 발표한 뒤로는 만주의 모
든 반만군이 공산당의 직접 영도
하에 있어서, 동북 항일 연대의
일익으로 완전히 통일 개조되어
조선 · 만주 국경 · 동변도 일대
에서 과감하고 새로운 작전을 전
개하였다.

그중에서도 김일성 군은 1936
년 12월경부터 함경남북도 내의
공산주의자와 연락하여 갑산군을
중심으로 하여 자못 광범한 항일 인민 전선의 결사를 조직하였다.
다음해 1937년 6월 4일에 이들 결사의 협력을 얻어서 혜산경찰서
가 관할하는 보전읍(保田邑)을 습격하여 장렬한 전투를 전개하여, 대
항 경찰관에 전사 7명, 부상 12명을 낸 것은 근래 국경 방면에 일대
센세이션을 일으킨 사건이었다.

중국과 일본의 이번 대치를 일본 군벌은 처음에 간단하게 생각
하여, 심한 자는 불과 몇 달이면 중국을 굴복시키리라고 암산하기
도 하였다. 사실은 예상과 크게 상반하여, 세월이 흐르는 동안에 일
본은 중국 지도상의 점(도시)과 선(철도)을 얻는 대신, 국가의 자원
을 끝없이 상실하였다. 중국은 이 시련을 통해 국민 통일의 성공,
근대 국가 체제의 정비, 그리고 전 세계의 보편적인 동정을 획득하
였다.

일본이 이 전쟁의 두려운 결과를 깨달았을 때에는 형세를 이미
만회할 수 없는 지경에 섰다. 초조와 번민에서 우러나오는 미봉적
인 계획은 한갓 사태를 더욱 간난하게 하는 것 이외에 아무 결과를
얻을 수 없었다. 중국의 배후 세력을 견제한다 하여 소련에 대하여
는 장고봉(張鼓峯) 사건(1938), 노몬한 사건(1939)을 일으켜 보았다.

미국·영국에 대하여는 일본·독일·이탈리아 추축 관계(1936년에서 1937년까지 일·독·이 방공 협정, 1938년에서 1939년까지의 일·독·이 문화 협정, 1940년의 일·독·이 삼국 동맹 등)를 확립하였으나, 모든 것이 궁지에 몰린 쥐가 고양이를 무는 격으로 그 이상의 의미를 가지지 못했다.

4. 1940년대 태평양 전쟁과 임시정부의 대일 항전

1939년 9월에 독일의 도발로 제2차 세계대전이 발발하여 개전하였다. 오래지 않아 독일군이 유럽을 석권하고 이어 독일과 소련이 충돌하여 모스크바의 함락이 목전에 임박한 듯했다. 이를 보고는 1941년 12월 8일에 드디어 미국과 영국을 상대로 하는 태평양 전쟁을 감행하기에 이르러서, 일본이 무력을 남용하여 전쟁을 일삼아 주변 이웃나라를 어수선하게 한 죄책을 심판할 날이 약속되었다.

우리 임시정부는 1941년 8월 연합국 수뇌의 전쟁 수행 방침 발표에 대하여는 한국 입장에서의 대응 조건을 밝히고, 12월 태평양 전쟁 발발 때에는 곧 대일 선전 포고를 하여, 동양과 서양 양대 국제 강도의 배제에 과감히 일익을 담당하였다.

대한민국 임시정부의 대 루즈벨트, 대 처칠 선언 성명서

본 정부는, 삼가 세계 반침략 국가의 정부와 인민들에게 우리 삼천만 민족의 결심과 희망을 선포한다. 1919년 이래로 우리는 우리만의 역량으로 대일 항전을 시작하여 청년 장사 수백만을 희생시키고 이십여 년 동안 피 흘리며 싸우느라 굶주리지 않은 적이 없었지만, 침략자는 반드시 패할 것임을 깊이 믿는다. 침략에 반대하는 자들은 일어나 함께 싸워야 할 것이다.

과연 7·7사변[2] 이후로 중화민국은 전국의 역량을 모아서 항전하여 오래될수록 더욱 용맹해져서 적의 병력 과반을 소멸시켰다. 요사이 8월 14일 루즈벨트·처칠의 선언 이후로 미국, 영국, 소련, 오스트레일리아, 캐나다, 네덜란드는 권기추동(捲起推動)하여 천하를 호령해서 반침략 전선으로 하여금 언론인들을 움직이게 하고 부분에서 전 세계에 이르게 하였다. 능히 나치를 포위하고 왜구를 패배시킬 것임은 선언서의 8조목에서 보여주는 바와 틀림없이 같을 것인데, 선언 중에서 우리 민족을 더욱 북돋우는 것은 제3조목과 제8조목 및 서언 중에서 약간의 구절이다.

즉, 제3조목 – "영국과 미국 양 대국의 역량을 연합하여 각 민족의 자유를 존중하여, 그 의지하여 남아 있는 정부 형태의 권리를 결정한다. 각 민족 중에서 이 항목의 권리를 박탈당한 민족이 있으면 양국이 함께 원래 가지고 있던 주권과 자주 정부를 회복하도록 할 것이다." 제8조목 – "전 세계 각국으로 하여금 반드시 무력을 내려 놓도록 할 것인데, 더욱 먼저 침략국의 군비부터 해제할 것이다." 서언 중에서 – "곧 조차법안(租借法案)[3]에 근거하여 영국 및 기타 모든 반침략 국가와 각국의 무장 부대 전부에 무기를 공급할 것이다."

이러한 원칙은 다만 전쟁 기간 내의 한국의 독립을 위해 필요한 것만이 아니라, 끝내 원수를 격퇴하고 세계를 다시 만드는 국면 때에 적용해야 하는 것으로, 동양과 서양, 황인과 백인의 차이가 없어야 할 것이다. 본 정부는 이로 인해 영국과 미국 양국의 공동 선언에 대하여 원칙상 환영을 표시하며, 막힘없이 두루 쓰이기를 기대한다.

본 정부는 중국, 미국, 영국, 소련의 여러 나라가 반침략 국가의 주요

---

2 1937년 7월 7일 루거우차오(蘆溝橋)에서 발생한 발포 사건을 말한다.
3 제2차 세계대전 중인 1941년 3월 미국이 연합국에 군사 원조를 하기 위하여 제정한 무기대여법(Lend-Lease Act)을 말한다.

세력이 될 것임을 확신하며, 또한 한국 민족이 극동의 항일 전선에서 실로 중요한 지위를 차지할 것임을 자인하니, 가벼이 여겨서는 안 될 것이다. 조속히 서로 간에 제휴하여 마침내는 반드시 공동의 적에 승리하고 나아가 동아시아와 세계를 개조해야 한다. 그러므로 본 정부는 금년 2월에 미 대통령에게 아래와 같은 6조목을 제출하였다.

(1) 한국 정부의 승인, (2) 외교 관계의 시작, (3) 중국과 한국의 항일 수요품의 강한 원조, (4) 군수품, 기술자와 경제적 공급, (5) 평화 회의가 개회 시 한국 정부 대표의 참가를 준여, (6) 국제적으로 영구적 기구의 성립 시 한국의 참가를 준여.

본 정부는 이에 다시 정중히 선언한다. 중국, 미국, 영국, 소련의 정부가 이러한 조건을 솔선하여 받아들이고 기꺼이 손을 잡을 것임을 깊이 믿는다. 본 정부는 시종일관 우리 독립과 자주의 민족 혁명 전쟁에 충성스럽고 용맹한 광복군을 이끌고 항전을 견지하며, 세계 우방의 각 민족과 함께 최후의 승리를 거둘 것임을 맹세한다.

대한민국 임시정부 대일 선전 성명서

우리는 삼천만 한국 인민과 정부를 대표하여 삼가 중국 · 영국 · 미국 · 네덜란드 · 캐나다 · 오스트레일리아 · 기타 제국의 대일 선전이 일본을 격패하게 하고 동서를 재건하는 가장 유효한 수단이 됨을 축복하여 이에 특히 다음과 같이 성명한다.

1. 한국 전 인민은 현재 이미 반침략 전선에 참가하였으니, 한 개의 전투 단위로서 추축국(樞軸國)에 선전한다.

2. 1910년의 합방 조약 및 일체의 불평등 조약의 무효를 거듭 선포하며, 아울러 반침략 국가의 한국에 있어서의 합리적 기득 권익을 존중한다.

3. 한국, 중국 및 서태평양으로부터 왜구를 완전히 구축하기 위하여

최후의 승리를 얻을 때까지 혈전한다.

4. 일본 세력 하에 조성된 장춘, 남경 정권을 절대로 승인하지 않는다.

5. 루즈벨트, 처칠 선언 외 각 조를 견결히 주장하며, 한국 독립을 실현하기 위하여 이것을 적용하며 민주 진영의 최후 승리를 원축(願祝)한다.

대한민국 임시정부 주석 김구

외무부장 조소앙

대한민국 23년 12월 10일

태평양 전쟁, 즉 일본이 참칭하는 대동아 전쟁이 대능력자의 섭리 하에 어떻게 미묘하게 진보하여 당연한 귀추를 향해 진행했는지 그 과정은 이제 번거로운 서술을 피하기로 하자. 일본의 단말마적 단계에 들볶이는 조선인이 양심을 잃고, 밥그릇·숟가락을 잃고, 성명을 잃고, 생활에 필수적인 일체의 물자를 잃고, 마침내 아비는 자식, 지어미는 지아비, 골육지친(骨肉至親)을 빼앗기고서 울부짖던 비참한 과정은 잠시 망각의 궤짝에 집어넣어 두자. 말기의 두 총독 미나미 지로(南次郞)과 고이소 구니아키(小磯國昭)가 우리의 유구한 전통과 심후한 국성(國性)을 파괴하고 무너뜨리는 흉악하고 잔인한 모양도 할 수 있으면 우리의 눈앞에서 한참 뿌리쳐 없애 보자.

왜정 36년간에 한 마음으로 절개를 지켜 일본 연호를 쓰지 않고, 그들의 며력(夏曆)[4]을 들추지 않고, 그들에게 세를 내지 않고, 그들의 재판을 받지 않고, 그들이 가르치는 이야기를 듣기 싫어서 차라리 자제를 학교에 보내지 않고, 그들의 해와 달을 대하기 싫어서 바깥나들이를 하지 않고, 창씨의 위협에는 죽음으로 거절 배척하

---

4 태음력을 말한다.

고, 강제적인 신사 참배 대신 감옥을 복당(福堂)으로 여기는 등 절대 불복종의 충절 열행(烈行)도 다른 날 천천히 우러르고 찬미할 기회를 만들기로 하자.

그 무서운 긴 밤의 악몽을 깬 김에, 그 지리한 암흑의 터널을 빠져 나온 이제, 어느 하늘 무슨 구름이 우리에게 따뜻하고 환한 볕발을 쬐어 주었는지를 한 찰나 바삐 전하고 싶은 마음은 여기서 몹시 바쁘다.

일본과 독일의 죄악이 천지에 가득하고, 또 국력은 극도로 고갈하여 전쟁의 종말이 환하게 내다보이게 되자, 연합국 여러 나라의 원수들은 각각 필요한 짝패끼리 전쟁 국면의 수습을 상의하게 되었다. 1943년 9월 22일부터 26일까지 미국 대통령 루즈벨트·영국 수상 처칠·중국 정부 주석 장제스 3인이 북아프리카의 카이로에서 만나, 다른 문제와 함께 태평양 전쟁의 마무리 안을 상의하고, 27일에 선언을 발표했다. 그 1조에, "전기(前記) 3대국은 조선 인민의 예속 상태에 대비하여, 맹세코 그때가 되면 조선을 자유하고 독립하게 할 결의를 가졌다."고 하는 것이 있었다.

1945년 7월에 삼국 대표(그동안 루즈벨트가 죽고 트루먼이 대를 이었다)가 프로이센의 포츠담에서 다시 회담하여, 26일에 공동 선언으로 일본을 향해 무조건 항복하라는 최후 권고를 발표하였다. 8월 8일에는 소련공화국이 여기에 가입하여 대일 선전 포고하고, 9일 0시에 소련군이 동부와 서부의 만주 국경과 조선 북쪽 국경에 작전을 개시하였다.

이에 일본은 아무런 대책이 없어 드디어 14일에 미·영·중·소 4국에 대하여 포츠담 선언을 따를 것을 통고하고, 15일 정오에 일황이 항복의 뜻을 스스로 나라 안에 방송하였다. 이에 전후 9년에 걸친 중일 전쟁, 7년 된 세계대전, 5년 된 태평양 전쟁이 일시에 종국을 고하였다. 천지가 이에 깨끗해지고, 36년간의 눈물겨운 해방 전쟁의 과실이 태화(泰和)의 새 기운 속에서 성숙하여 조선 독립이 눈앞에 뚜렷이 나타났다.

이제야말로 사기와 포만(暴慢)이 얼마나 쓰라리게 보복 당하는지를 일본이 알게 되었다. 이번에 다시 협동과 강의(剛毅)가 얼마나 민족 생활에서 큰 힘이 있는지를 조선인이 체험하였다. 세계 유수의 대군국(大軍國)이 포만과 사기로 넘어지고, 빈손뿐인 약소민이 협동하여 지구전으로써 초지(初志)를 달성한 일본에 대한 조선의 최근 항쟁사는 인류 생활사에 중대한 교훈을 주었다.

조선의 궐기와 일본의 흥망이 죄다 세계의 대운(大運)으로 규정되는 것을 볼 때에, 우리는 기미 독립 선언의 결어인 "양심이 우리와 함께 있으며 진리가 우리와 함께 나아가고" "먼 조상의 신령이 보이지 않은 가운데 우리를 돕고, 온 세계의 새 형세가 우리를 밖에서 보호하고 있으니 시작이 곧 성공이다. 다만 앞길의 광명을 향하여 힘차게 곧장 나아갈 뿐"이라 한 구절을 다시금 상기하지 않을 수 없다.

유구한 연면성은 조선 역사의 큰 특징으로서, 대륙에서 일어난 어떠한 거대 민족이 어떠한 강압을 해와도 한 번도 이를 끊어 본 일이 없었다. 섬 안의 무리인 일본이 오랜 동안 다른 나라를 소란하게 할 뜻을 품고서 가끔 벌에 쏘인 것처럼 방자하게 날뛰었다. 1910년 도적질한 후에는 스스로 천 년의 묵은 꿈을 성취했다고 생각하였으나, 그 또한 36년이 한계란 듯이 싱겁게 괴멸 퇴복(退伏)하여 오랜 조선의 전통이 옛날처럼 엄연하다.

여기서 우리는 하늘이 주신 그동안의 민족 시련의 가치를 영광의 건설 동력으로 전환해서, 조선인의 총명과 용기가 세계 역사 위에 새로 빛나기를 굳게굳게 맹서하자. 세계는 하나이다. 조선은 구원(久遠)하다.

부록 1. 통감 및 총독 재임표

	이름	재임기간
통감	이토 히로부미(伊藤博文)	1905. 12. 21 ~1909. 6. 15.
	소네 아라스케(曾禰荒助)	1909. 6. 15. ~ 1910. 5. 30.
	데라우치 마사다케(寺內正毅)	1910. 5. 30. ~ 1910. 10. 1.(겸임)
총독	데라우치 마사다케(寺內正毅)	1910. 10. 1. ~ 1916. 10. 9.
	하세가와 요시미치(長谷川好道)	1916. 10. 9. ~1919. 8. 12.
	사이토 마코토(齋藤實)	1919. 8. 12. ~ 1927. 12. 10.
	우가키 가즈시케(宇垣 一成)	1927. 4. 10. ~ 1927. 10. 1.(대리)
	야마나시 한조(山梨半造)	1927. 12. 10. ~ 1929. 8. 17.
	사이토 마코토(齋藤實)	1929. 8. 17. ~ 1931. 6. 17.(재차)
	우가키 가즈시케(宇垣一成)	1931. 6. 17. ~ 1936. 8. 5.
	미나미 지로(南次郎)	1936. 8. 5. ~ 1942. 5. 29.
	고이소 구니아키(小磯國昭)	1942. 5. 29. ~ 1942. 7. 22.
	아베 노부유키(阿部信行)	1942. 7. 25. ~ 1945. 8.

조선독립운동사

부록 2. 조선독립운동 연표

1910년

- 6월 24일: 한국의 경찰 사무가 일본국으로 이양되어 통감 직속 하에 중앙에 경무총감부, 각 도에 경찰부를 두어 지방 행정 바깥에 따로 세우게 하고, 경무총장은 주차(駐箚) 헌병사령관, 경무부장은 각 도 헌병대장으로 충당하여 이른바 헌병 경찰제를 쓰다.

- 8월 25일: 경무총감부는 부령으로 집회 취체(取締)에 관한 건을 발포하여 정치에 관한 집회와 옥외에서의 대중 집회를 금지하는 동시에, 종래의 결사(結社)는 일제히 해산하는 방침을 취하여 대한협회·일진회 이하 12개 정치 결사의 해산 명령을 내리고, 일주일 이내로 실행하게 하다. 정치 결사 이외의 종교·상사(商事) 등 단체에 대해서는 보안법에 의하여 가혹한 구속을 더하여 기능을 마비시키다.

- 8월 29일: 한일 병합 조약 발표. 양국(讓國) 조서 반포. 한국의 국호를 고쳐 조선이라 칭하고 이어 조선총독부가 설치되다. 병합이 발표되자 판서 김석진(金奭鎭), 참판 송도순(宋道淳), 승지 이재윤(李載允), 군수 홍범식(洪範植), 주러시아 공사 이범진(李範晋), 진사 황현(黃玹), 유생 김도현(金道鉉) 등 국내외 각계 각층에서 순국

하는 자가 줄을 잇다.

- 9월 30일: 조선총독부 및 소속 관서 관제가 공포되어 10월 1일 데라우치 마사다케(寺内正毅)가 제1대 총독, 야마가타 이사부로(山縣伊三郎)가 정무총감에 임명되다.

- 12월: 안명근(安明根)이 경의선 차련관역 등에서 총독 데라우치 마사다케를 저격하려다가 미수로 체포되다.

1911년

- 10월에 들면서 총독부가 국권 회복을 생각하는 지사를 일망타진할 계책으로, 총독 데라우치 마사다케 암살 계획이 있었다고 하여 윤치호·유동열·양기탁·이승훈 이하 120여 명을 체포하여 혹독한 형문(刑問) 끝에 중징역에 처하다. 연루자의 다수가 기독교인이어서 일본의 기독교 박해라 하여 세계의 여론을 크게 야기하다.

- 10월 10일 밤에 청나라 우창(武昌)에 난이 일어나서, 리위안훙(黎元洪)을 도독으로 하여 중화민국군 정부를 칭하고, 이어 각지에 혁명군이 일어나서 혼란을 거듭하다. 11월 15일에 각 성 대표가 상하이에 집합하여 각성 도독부 대표 연합회를 조직하고, 11월 30일 한커우(漢口) 회의에서 중화민국 임시정부 조직 대강 21조를 결정 선포하다. 난징이 함락하자 난징을 수도로 하고, 12월 14일에 난징에 회합하여 우선 리위안훙을 대원수, 황싱(黃興)을 부원수로 뽑다. 25일에 쑨원(孫文)이 유럽과 미주를 돌아다니다 돌아오자, 29일에 대표 회의를 난징에서 열고 쑨원을 임시 대총통, 리위안훙을 부총통으로 뽑다. 다음해 1월 1일에 난징에서 취임식과 함께 난징 임시정부가 성립하고, 국호를 중화민국이라고 고치다. 2월 12일 청 황제가 퇴위를 발표하여 청조가 망하다. 이것이 이른바 신해혁명이다.

- 우창(武漢) 혁명 이래로 우리 지사들이 출국하여 줄지어 그곳으로 가다.

1912년
- 2월 12일: 청 선통제가 퇴위하다. 쑨원이 대총통을 사퇴하고 위안스카이(袁世凱)가 대신 뽑히다.
- 4월: 중국에서 국민당이 조직되어 쑨원이 이사장을 맡다.
- 7월 30일: 일본 메이지(明治) 왕 죽다.

1913년
- 1월: 청년터키당이 쿠데타를 일으켜 신정부가 성립되다. 아일랜드 자치 법안이 영국 하원에서 통과되다.
- 7월 12일: 중국 장시성(江西省) 후커우(湖口)에서 리례쥔(李烈鈞)이 독립을 선언하고, 여러 성이 여기에 호응하여 위안스카이 토벌군을 일으키다. 이를 제2혁명이라 한다. 그러나 제2혁명은 실패로 돌아가서 쑨원·왕징웨이 등이 다 국외로 망명하고, 위안스카이가 강제적 권력을 써서 정식 대통령에 당선되다.

1914년
- 6월 28일: 보스니아 수도 사라예보에서 오스트리아 황태자 페르디난트 부부가 세르비아의 오스트리아 배척 비밀 결사에 속하는 한 청년에게 사살되다. 다음 달에 오스트리아와 세르비아 간의 평화가 깨지자 발칸 문제를 에둘러 미묘한 추이를 보이던 독일·오스트리아·러시아 삼국의 관계와, 20세기 이래로 독일의 강국화 때문에 격렬히 군비를 경쟁하던 영국·독일의 관계가 이를 도화선으로 일시에 폭발하다. 영국·프랑스·러시아·일본 대 독일·오스트리아 전쟁 선언이 차례로 행하여, 드디어 세계

흥사단 연례 대회(샌프란시스코)

대전의 양상을 드러내기에 이르다.

- 7월 8일: 쑨원이 도쿄에서 중화혁명당을 조직하다. 정강은 민권·민생·전제 타파이다. 그 실현 과정을 군정(軍政)·훈정(訓政)·헌정(憲政)의 3기로 나누다.

- 8월에 일본이 독일에 전쟁을 선언하여, 그 뒤 10월에 적도 이북의 독일령 남양 제도를 점령하고, 11월에 칭다오(靑島)를 함락하다.

- 이 해 안창호가 로스앤젤레스에서 흥사단을 조직하다.

1915년

- 1월: 일본의 오쿠마 시게노부(大隈重信) 내각이 21개조 요구를 중국에 제출하여 중국에 있는 배일 운동이 격화하다. 이 뒤 5월 7일에 일본이 최후 통첩을 발하여 9일에 중국이 이를 승인하자, 중국에서 이 날을 5·9국치 기념일로 삼다. 중일 신조약 성립과 함께 배일 열기가 와짝 고양되어, 3월 이래로 상하이·한커우·광둥 등에서 하고 있던 일화(日貨) 배척 운동이 마침내 전국에 파급하고 그중에 국화유지회(國貨維持會)·권용국화회(勸用國貨會) 등이 가장 활약을 보이다.

- 5월: 이탈리아가 삼국 동맹을 파기하고 오스트리아에 대하여 선전 포고하다.

- 9월 11일: 시정 5년 기념 조선물산공진회를 10월 31일까지 경복궁 후원에 개설하다.
- 중국에서 8월 이후로 주안회(籌安會)란 것이 제정(帝政)을 주장하더니, 12월 12일에 대행 입법원이 국체 변경을 선포하고 위안스카이를 황제로 추대하다. 위안스카이가 등극을 수락하고 다음 해를 홍헌(洪憲)으로 연호를 바꿀 것을 명하다.
- 21개조 문제, 제정 문제를 계기로 하여 반위안스카이 운동이 일어나서 12월 20일 윈난 도독 탕지야오(唐繼堯)가 제정 반대를 통고하고, 25일에 위안스카이 토벌군을 일으키자 각 성이 이에 호응하여 드디어 제3혁명이 되다.

1916년

- 중국에서 제정 반대가 갈수록 치열해져서, 1월 21일에 위안스카이가 제정 연기를 통고하고, 3월 22일에는 드디어 제정을 단념하여 다음날 이를 통고하고, 1월 1일 선포한 홍헌이라는 연호를 취소하다. 그러나 호국군(護國軍)은 이에 만족하지 않고 계속해서 위안스카이의 은퇴를 요구하다. 6월 5일에 위안스카이가 급사하고 6월 7일에 리위안홍이 대총통에 취임하니, 각 성이 차례로 독립을 취소하다.
- 8월 27일: 이탈리아가 독일에 선전포고하다.
- 10월 9일: 데라우치 마사다케가 오쿠나 시게노부(大隈重信)의 뒤를 이어 내각 총리대신으로 가고 조선 총독을 사임하다. 16일에 하세가와 요시미치(長谷川好道)가 제2대 총독으로 임명되어 12월 10일에 도착하다.
- 12월: 미국 대통령 윌슨이 교전 각국에 강화를 제의하다.

1917년

- 2월: 미국이 독일과 국교를 단절하다.
- 3월 12일: 러시아에 혁명이 발발하여 케렌스키 임시정부가 수립되고 황제가 퇴위하다. 이른바 3월 혁명 또는 부르주아 혁명이다.
- 3월 14일: 중국이 독일과 국교를 단절하다.
- 4월: 중미와 남미주 여러 나라가 독일에 선전 포고하다.
- 6월: 미군이 런던에 도착하다. 러시아 전선이 붕괴하다.
- 8월: 스웨덴 수도 스톡홀름에서 만국사회당대회가 열리다. 중국 체류 인사가 조선사회당 대표의 이름으로 조선의 피압박 상황을 문서로 전달하여 해방의 필연성을 밝히다.
- 9월: 북미 뉴욕에서 25약소민족회의가 열리자 박용만(朴容萬)이 조선 대표로 출석하다.
- 11월: 7일(러시아력 10월 25일), 페트로그라드에서 '전쟁 반대' '프롤레타리아 독재'를 표방한 혁명 운동이 일어나서, 케렌스키 내각이 무너지고 레닌의 소비에트 정권이 수립되다. 이를 볼셰비키 혁명, 프롤레타리아 혁명, 또는 10월 혁명(신태양력으로는 11월 혁명)이라 이른다.
- 12월: 핀란드 독립. 미국이 오스트리아에 선전 포고하다.
- 12월 15일: 볼셰비키 혁명 후에 국내 정세의 안정을 요구하는 러시아와 연달아 패전하여 전선의 병사가 현저히 권태해진 독일이 폴란드의 브레스트 리토프스크에서 단독 강화 조약을 체결하다.

1918년

- 1월 1일: 미국 대통령 윌슨이 의회에 보내는 교서 중에 전쟁 강화의 기본 원칙 14개조를 제시하다. 민족 자결주의가 그 안에 들

어갔다.

- 7월: 일본이 체코슬로바키아군 구원을 핑계로 시베리아에 출병하다.
- 10월 6일: 독일 정부가 스위스 정부를 통하여, 미국 대통령 윌슨에게 14개조 원칙에 의한 강화에 응하겠다는 뜻을 통고하여 11일에 휴전이 결정되다.

  유고슬라비아·체코슬로바키아 독립. 헝가리 독립 선언.
- 10월 30일: 오스트리아 항복. 터키 휴전 제의.
- 11월 11일: 독일이 휴전하여 세계대전이 종료하다.
- 이 해, 러시아 혁명과 세계 사조의 영향을 받아, 조선과 중일 양국에 다 신문화 운동이 크게 일어나는데, 특히 조선의 국내외 각지에서는 민족 자결주의에 의한 해방 운동이 제각기 준비되었다.

1919년

- 1월에 강화 회의가 파리에서 열려서, 각국의 강화 위원, 준위원, 사설(私設) 위원과 기타 등 1천 명 이상이 모이고, 윌슨이 친히 파리에 오자 세계의 여론이 평화의 천사로 그를 우러르고 파리의 회의장에서는 마치 구세주의 재림처럼 환호하여 그를 맞이하다. 회의 중의 파리는 항구 평화를 실현하는 세계 개조의 큰 무대로서 전 인류가 주시하는 초점이 되고, 윌슨의 지휘 아래 평화 조약과 함께 국제연맹 안에 대한 토의가 열심히 진행되다.
- 1월 22일(구력 12월 20일): 고종 죽음.
- 2월 8일: 도쿄의 유학생이 조선청년독립단의 이름으로 「독립선언」·「민족대회소집문」을 발포하다.
- 3월 1일: 경성에서 조선 민족 대표 손병희 이하 33인의 이름으로 「독립선언서」를 발포하고, 동시에 일본 정부에 「독립통고서」, 윌슨에게 「동양평화의견서」, 파리 강화 회의의 각국 대표에게 역사

적 임무에 대한 격려문을 송달하다. 이어 경성 모든 시가지에 독립 만세를 부르며 대규모 시위 행진을 거행하여, 가장 유효하고 가장 강력한 민족 의사 표시에 성공하다. 경성과 동시에 국내 종교 단체 8백여 곳에서 광무 황제 봉도회(奉悼會)와 함께 독립 선언식을 거행하여 독립의 함성이 삼천리 산하를 진동시키다.

고종

• 3월 3일: 고종 황제 인산 의식을 거행. 각 지방에서 달려와 곡하는 자 수십만을 헤아리다. 이들이 각각 독립 선언의 소식을 전국 방방곡곡에 널리 전하여 만세 환호 운동이 그대로 온 나라에 가득차 가다.

• 3월 3일: 인산을 공숙(恭肅)하게 보낸 후에 경성의 운동이 각양각색으로 연일 전개되어서 대응하기에 겨를이 없으며, 지방 각처에서 경쟁적으로 민감하게 뒤따르다. 적 군경의 강압을 모르는 체하면서 날이면 날마다 달이면 달마다 계속되다.

• 고국의 소식을 접하는 대로 서북간도, 남북 만주, 러시아·중국·미국 등 각 국의 교민이 있는 곳에서 독립 운동이 일어나서 날로 그 기세를 더하다. 조선 독립을 원조하기 위하여 필라델피아와 기타 지역에 한국친우회가 설립되다.

• 4월 이래로는 적의 군경이 차차 야만적 진압을 취하기 시작하여, 비참하지만 장렬한 항쟁이 각지에서 연출되다. 4월 15일 수원 제암리에 있는 대학살 사건은 기독교회당을 장소로 한 만큼 선교사를 통하여 세계 각국으로 크게 선전되어서 인도적 비난의 표적이 되다.

• 4월 15일: 총독부는 제령 제7호로써 '정치에 관한 범죄 처벌의

건'을 공포하여, 엄한 형벌로 만세 운동에 임하다.

• 4월 17일: 국내외의 협력에 의하여 대한민국 임시정부가 상하이 프랑스 조계 샤페이루(霞飛路)에 수립되고, 각지의 중추적 인물이 와서 정무를 분담하다.

• 4월 29일: 임시의정원을 설립하여 국내외 각지로서 대의원 30명이 선거되다. 이어 임시 헌장 10조를 결정 반포하다.

• 5월 20일: 김가진(金嘉鎭)을 수령으로 하고, 구 의친왕 이하 각계 대표를 망라한 대동단(大同團)이 출현하여 한때의 이목을 놀라게 하니, 대개 33인 이후 허다한 계승자가 나온 중 가장 조직적이고 광범위한 것이었다.

• 6월 28일: 파리 교외의 베르사이유 궁전에서 독일 · 오스트리아 등 주요한 동맹국과 미국 · 영국 · 프랑스 · 이탈리아 · 일본 기타 22개 연합국 간에 강화 조약이 성립하다. 그 조약은 15편 44조로 구성하고, 18개의 부속서를 붙여서 전례를 볼 수 없는 복잡 · 광범하고 중요한 성질의 대약장(大約章)이었다. 그러나 각국의 복잡한 이해관계를 다 융화하지 못하여 중국 · 미국과 같은 나라는 오히려 이를 비준하지 않았다.

• 7월: 만국사회당대회가 스위스에 열리고, 조용은(趙鏞殷)이 우리 대표로 출석하다.

• 8월 12일: 총독 하세가와와 정무총감 야마가타가 책임을 물어 물러나고, 사이토 마코토(齋藤實)가 제3대 총독, 미즈노 렌타로(水野鍊太郎)가 새로 정무총감으로 임명되어 이른바 문화 정책을 부르짖고 각종 관제 개혁을 행하다.

• 9월 2일: 오후 5시 10분에 사이토 · 미즈노 등이 남대문 역에 도착하여 마차에 타자마자, 동쪽 군중 속에서 한 노인이 뛰쳐나와 사이토가 탄 마차에 폭탄을 던지다. 사이토는 겨우 목숨을 보전하였으나 어찌할 바 모르는 광경이 비길 데 없었다. 폭탄을 던진

강우규(姜宇奎)가 17일에 체포되어 뒤에 사형을 받다.

- 10월 3일: 사이토 마코토 죽음.
- 11월에 일본 정부의 요망으로 외무차장 여운형(呂運亨)이 도쿄에 이르러 독립의 취지를 밝히다.
- 이 해, 이탈리아의 무솔리니가 파시스트단을 조직하다.

1920년

- 1월 6일: 『조선일보』·『동아일보』의 발행이 허가되다.
- 3월 1일: 내외 각지에서 독립 선언 기념식이 성대히 거행되고, 국내에서는 특히 배재고등보통학교 · 배화여학교 · 숭덕학교 · 숭현여학교 등의 만세 재연이 크게 이목을 끌다.

  작년 이래로 국경 돌파 작전을 개시한 북서간도 독립군들의 활동이 이 3월 이후로 와짝 활발해져서 대응에 겨를이 없게 되다.
- 3월 16일: 북간도에 천보산(天寶山) 사건이 일다.
- 3월 중순부터 5월 하순에 걸쳐서 시베리아 항구 도시 니콜라에프스크에서 러시아의 과격파가 일본 영사 이하 5백여 인을 학살하다.
- 8월 24일: 쩐 에이취 몰을 단장으로 한 미국 상하 의회 의원 9명과 그 가족 38명의 원동 시찰단이 입경하다. 국내의 각 단체 · 개인이 가능한 갖가지 방법으로 조선 민족의 독립에 대한 열망을 선전하기에 힘쓰는데, 일본 측에서는 총독과 국제친화회 등이 촘촘한 환영 프로그램으로 방해하여 재미있는 외교전의 한 막을 나타내다. 그들이 경성에 앞서서 베이징 · 상하이 등에 이르

자, 임시정부에서 또한 각종의 접촉 기회를 만들어서 내외 양쪽에서 크게 감명을 주다.

- 8월에 상하이에서 천두슈(陳獨秀) 등 청년 사회주의자 8명이 중국사회주의청년단을 만들고, 9월에 이르러 천두슈와 러시아 선전원 오이틴스키의 회견으로 중국공산당 조직 계획이 진행되는데, 우리 임시정부 요원으로 교섭했던 이가 있었다.

손병희 동상(탑골공원)

- 10월 12일: 우리 독립군 한 부대가 러시아의 과격파와 중국의 관병(官兵)과 마적을 연결하여 가지고 훈춘의 일본 영사관 분관을 습격해 불태우고, 이어 접전을 크게 벌여 수많은 사상자를 내다. 이를 훈춘 사건이라 이른다.

- 10월 30일: 독립 선언 주동자 손병희 이하 48인의 재판 판결이 나다.

1921년

- 러시아 본국의 혁명 이래로 시베리아의 정세가 극히 소란스럽다가, 작년 5월 12일에 극동공화국이 출현하여 겨우 여러 세력을 통일하고 지금에 와서 활동이 현저해졌는데, 앞서서 하바로프스크에서 결성된 한족공산당(韓族共産黨)이 4월 25일에 본부를 극동공화국 수도 치타로 옮기고, 각 방면으로 선전을 활발히 개시하다.

- 5월(일설에는 7월). 상하이 프랑스 조계에 중국공산당 제1차 전국

대회가 열리다. 중국공산당이 비로소 정식 지도부를 가진 조직이 되다.

김익상 의거 터(서울, 중구)
김익상은 총독부 청사에 폭탄을 던지는 의거를 일으켰다.

- 9월 12일: 김익상(金益相)이 왜장(倭場) 터의 총독부 청사 정면에 폭탄을 던지다.

- 11월 12일부터 다음해 2월 6일에 이르는 동안에, 영·미가 제창한 워싱턴 회의가 열려서, 해군 군비 제한, 극동 문제 해결에 대한 관계국 간의 절충이 이루어져, 그 결과로 일본이 중국에 요구한 21개조 대부분이 무효로 돌아가고 이어 영일 동맹이 폐기되다.

- 이 해. 김윤식(金允植) 죽음.

1922년

- 1월 6일: 워싱턴 회의에서 중국에 관한 미국·영국·프랑스·이탈리아·벨기에·네덜란드·포르투갈·중국·일본의 9개국 조약이 성립하다.

- 3월 28일: 상하이에서 김익상이 일본 육군대장 다나카 기이치(田中義一)를 저격하였으나 목적을 이루지 못하다.

- 4월: 조선청년연합회 내의 좌경 학생이 서울청년회를 조직하여 공산주의 운동이 차차 유력하여지다.

- 5월: 손병희(孫秉熙) 죽음.

- 6월 12일: 정무총감 미즈노 사임, 아리요시 주이치(有吉忠一)가 뒤를 잇다.

- 광둥에서 천중밍(陳炯明)의 쿠데타를 만나서, 국민당 제1차 북벌 계획이 실패하고, 쑨원이 상하이로 도주하다.

- 10월: 이탈리아에서 무솔리니의 로마 진군이 성공하여 파시스트 내각이 출현하다.
- 11월: 중국에서 일본과의 21개 조약을 파기하기로 결정하다.

1923년

- 1월 12일: 해외에서 온 요원이 종로경찰서에 폭탄을 던지다.
- 중국 국민당과 소련 국제당의 연계가 성립하여, 26일 쑨원과 요페가 공동 선언을 발표하다. 이때쯤으로부터 독일에서 히틀러의 운동이 시작되다.
- 6월: 상해 임시정부에 사상적 분화가 극에 이르러, 민족주의 대 공산주의와 실력 양성파 대 과격 행동파 등이 제각기 다른 진로를 취해서, 정부의 세력이 점점 쇠퇴하여 가다. 여름 휴가로 귀국한 도쿄 유학생 등이 신사상연구회를 일으켜서 사조의 좌경화가 더욱 급하여지다.
- 10월: 지린에서 통의부(統義府) 이하 해방 전선 각 단체가 합동하여 정의부(正義府)를 결성하다.

1924년

- 1월 21일: 레닌 죽음.
- 1월 20일: 광둥에서 열린 국민당 일전대회(一全大會)는 쑨원의 새 방침인 '연아용공책(聯俄容共策)'을 발표하여, 중국 공산당원이 개인적으로 국민당 가입하는 것을 승인하다. 이 대회에 나타난 선언과 정강 등은 보로딘 지도 하에 중국 공산당이 작성한 것이었다.
- 4월 5일: 지린(吉林)에서 국가사회주의를 표방한 고려혁명당이 결성되다. 당원이 수만을 헤아리고 카라한·장제스 등 각 방면에 연락을 취하여 당시 활동이 장관이었다. 이즈음 국내에서는

신사상연구회가 화요회 · 북풍회로 분열되어서 서울청년회와 세력을 다투고 있으며, 그 중간에서 조선노농총동맹 · 조선청년총동맹 등이 생겨 나오다.

- 6월 16일: 쑨원의 황포군관학교가 개교되다. 모스크바로 갔던 장제스가 귀국하여 교장이 되어 혁명 이론 교육과 군사 기술 연습을 행하여, 당군(黨軍)의 기본 간부 양성을 맡았는데, 조선인이 교관이나 학생으로 많이 참가하다.
- 10월 4일: 정무총감 아리요시 주이치(有吉忠一)가 그만두고, 시타오카 다다하루(下岡忠治)가 뒤를 잇다.
- 10월 9일: 외몽고인민공화국 성립.
- 11월: 대국민회의 소집, 헌법 제정.
- 9월에 쑨원이 제2차 북벌을 행하여 12월 31일 베이징으로 들어가다.
- 이 해, 윌슨 죽음.

1925년

- 3월 10일: 닝안(寧安)에서 북만주에 있는 해방 전선의 대동 단결체인 신민부(新民府)가 성립되다.
- 3월: 쑨원이 베이징에서 죽음.
- 4월: 좌익 전선에서 조선공산당 · 고려공산청년회 · 흑기연맹(黑旗聯盟)의 3개의 비밀 결사가 성립되다.
- 6월 11일: 조선총독부 경무국장 미쓰야 미야마쓰(三矢宮松)가 펑텐(奉天)에서 중국 동북 정권과 이른바 국경 경비에 관한 협정을 성립하여, 우리 독립군의 활동이 얼마쯤 제약을 받게 되다.
- 8월 22일: 장제스가 우익파 탄압의 쿠데타를 행하다.
- 11월: 제1차 공산당 사건이 나다.
- 11월 22일: 정무총감 시타오카 다다하루(下岡忠治) 죽음.

6.10만세 기념비(서울 중앙고등학교)

- 12월 3일: 유아사 구라헤이(湯淺倉平)가 뒤를 잇다.

1926년

- 1월: 김지섭(金祉燮)이 도쿄 궁성의 이중교(二重橋)에 폭탄을 던지다.[1]
- 4월 26일: 순종 황제 죽음. 창덕궁 앞에 곡하는 자가 바다를 이루다.
- 4월 28일: 송학선(宋學先)이 금호문 앞에서 창덕궁 성복제(成服祭)에 참석하는 총독 사이토 마코토를 비수로 찌르려다 잘못하여 다른 사람을 맞추다.
- 6월 10일: 인산을 거행할 때 곳곳에서 학생 만세 사건이 나다.
- 제2차 공산당 사건이 나다.
- 6월 6일: 중국의 국민정부가 정식으로 북벌을 결정하여 장제스

---

1 『한일사연표』, 『동아일보』 등에는 1924년 1월로 나온다.

가 국민혁명군 총사령을 맡다.

- 12월 25일: 일황 요시히토(嘉仁; 大正) 죽음. 히로히토(裕仁) 즉위.
- 12월 28일: 해외에서 온 나석주(羅錫疇)가 식산은행과 동양척식 회사에 들어가서 폭탄을 던지고 노상에서 자살하다.

1927년

- 민족 단일 전선을 논의하다가 2월에 좌우익을 합한 신간회(新幹 會)가 결성되고, 자매 단체인 근우회(槿友會)가 조직되어서 전국 도처에 지부가 설치되다. 여기에 이어 항상 대립 관계에 있던 서 울청년회계와 화요회계는 합류하여 ML조선공산당을 만들다.
- 4월 15일: 총독 사이토 마코토가 현직을 유지하면서 제네바 해 군 군축 회의에 일본 대표로 출석하고, 5월 15일 대리로 우가키 가즈시게(宇垣一成)가 오다.
- 4월 15일: 장제스가 상하이에서 좌파 탄압의 쿠데타를 행하여 우한(武漢)을 근거로 혁명 정책을 추진하려 하는 공산당 세력을 꺾기에 착수하다. 이어 18일에 난징에 국민정부를 수립하고 새 로이 통일 운동을 일으키다.
- 9월 16일: 새 난징 국민정부가 수립, 남북이 통일되다.
- 12월 2일 총독 사이토 마코토가 물러나고, 야마나지 한조(山梨半 造)가 뒤를 잇다.
- 정무총감 유아사(湯淺)가 물러나고, 이케가미 시로(池上四郎)가 뒤 를 잇다.

1928년

- 2월: 장제스가 중앙정치회의 주석에 취임하여, 군사와 정치 두 권력을 몰아 가지다.
- 3월: 제3차 공산당 사건이라 하여 신간회의 좌파계가 검거되다.

- 6월 9일: 중국의 북벌군이 베이징에 입성하고, 이에 앞서서 대원수로 베이징에 있던 장쭤린(張作霖)이 펑톈(奉天)으로 퇴각하는데, 4일 펑톈역 부근에 이르자 일본측이 장치한 폭탄에 타고 있던 차가 분쇄하여 참사하다.
- 8월 8일: 장제스는 전국 통일을 성취하였으니 군정기로부터 훈정기(訓政期)로 들어갈 것이라 하여, 훈정 강령과 및 국민정부 조직법을 발표하다.
- 이 해 봄, 김좌진(金佐鎭)이 북만주에서 죽다.

1929년
- 4월 4일: 정무총감 이케가미(池上)가 도쿄에서 돌연사.
- 6월 22일: 고다마 히데오(兒玉秀雄)가 정무총감이 되어 7월 2일 도착.
- 8월 17일: 총독 야마나지 한조가 물러나고 사이토 마코토가 다시 임명되다. 9월 8일 도착.
- 11월 3일: 광주에서 조선과 일본 학생 충돌 사건이 나서 전역으로 파급되고, 그 기세가 오래도록 쇠하지 아니하다.

1930년
- 5월: 이른바 간도 공산당 사건이 나다.
- 7월: 단천에서 삼림조합 사건이 나다.
- 국내 해방 전선에 사상적 변화 추이가 생겨 신간회 중심의 통일이 차차 무너지고, 좌익이 도로 계급투쟁으로 돌아가서 노동조합·농민조합 등 진영을 강화하여 가다.
- 중국에서 공산 점령 지역이 크게 확대하고 또 홍군의 세력이 강화하여 국민당이 이에 대한 토벌을 행하다.

1931년

- 4월 8일: 조선보병대 해산식을 갖다.
- 5월: 신간회가 해소되다.
- 6월 17일: 총독 사이토 마코토가 물러나고 우가키 가즈시게(宇垣一成)가 뒤를 잇다.
- 6월 19일: 정무총감 고다마 히데오(兒玉秀雄)이 물러나고, 이마이다 기요노리(今井田淸德)가 뒤를 잇다.
- 7월 1일: 만주에서 이른바 만보산 사건이 나다.
- 9월 18일: 이른바 만주 사변이 나서, 중국의 동북 정권이 붕괴하다.
- 중국에서 항일 운동이 전국으로 확대되면서, 상하이에 있는 우리의 각 단체 운동이 크게 활기를 띠어 오다.
- 10월: 태평양 회의가 상하이에서 열리다. 중ㆍ일 사건에 관하여 국제연맹이 긴급 이사회를 열다.
- 11월 7일: 중국 장시성 루이진(瑞金)에서 제1차 중국소비에트 전국대표대회가 열려서 난징 정부에 맞서 중국소비에트 임시정부를 건립하다.
- 이 해, 독일에서 나치가 총선거에서 대승하다.

1932년

- 1월 8일: 의열단 특파원 이봉창(李奉昌)이 도쿄 사쿠라다몬(櫻田門) 밖에서 관병식(觀兵式) 후 돌아가던 일황 히로히토를 저격하다.
- 1월 18일: 이른바 상하이 사건이 일어나다.
- 3월 1일: 일본의 괴뢰 정권 만주국이 건설되고, 9일 전 청나라 선통제 푸이(溥儀)가 집정으로 자리에 오르다.
- 3월 3일: 국제연맹 제2차 임시총회에서 만주 사변에 대해 일본을 비난하자는 제의를 채용하고, 현지 조사 위원단을 보내기로

이봉창 의사
1932년 일본 도쿄에서 일
왕 히로히토를 저격하였
으나, 실패했다.

하다.
- 4월 29일: 상하이 훙커우(虹口) 공원에서 있던 일본군의 천장절(天長節) 축하식장에서 의열단원 윤봉길(尹奉吉)이 식단에 폭탄을 던져 총사령관 시라카와 요이치 (白川義一) 이하 다수 문무 대관이 죽거나 다쳐 천하를 놀라게 하다.
- 5월 15일: 일본에서 육해군 청년 장교 18명이 서로 전후하여 총리대신·내대신 (內大臣) 이하 중신과 특권 계급에 속하는 인물 다수를 살상하다. 세간에서 이를 5·15 사건이라 이른다.
- 10월 2일: 국제연맹에서 「중국파견위원 보고서」(리튼 보고서)를 발표하다.
- 11월: 미국에서 루즈벨트가 대통령에 당선되다.
- 12월 30일: 우리 임시의정원 회의가 난징에서 소집되다.
- 이 해, 리튼 조사단이 와 있던 중에 여러 번 일본·조선·만주의 대관(大官)과 조사단원의 암살, 주요 건물의 폭파를 기도하였으나 모두 미연에 발각되어 체포되다.

1933년
- 1월: 스페인에 내란이 일다. 미국이 만주국 불승인주의를 여러 국가에 통고하다. 필리핀 독립안이 미국 상원에서 통과되다. 독일에서 히틀러 내각이 성립하다.
- 2월 21일의 국제연맹 제5차 임시총회 석상에서 일본에 대한 권고안을 심의하여 42대 1로 채택되자, 이때부터 일본이 출석하지 않고 드디어 3월 27일에 일본이 국제연맹으로부터 탈퇴하다.

- 3월: 독일에서 히틀러가 독재권을 잡다.
- 10월: 독일이 국제연맹과 군축 회의에서 탈퇴하다.
- 11월: 미국·러시아 국교가 부활하다.

1934년

- 1월 15일부터 3일 동안 전장(鎭江)에서 중국에 있는 각 단체 대표가 모여서 임시정부의 강화와 기관지의 부활을 의결하다.
- 10월: 중국의 홍군이 근거지 루이진(瑞金)으로부터 퇴각하다.
- 11월: 조선총독부가 국경 방비의 강화를 위하여 정찰기 2대를 국경에 배치하다.
- 12월 29일: 일본이 워싱턴 해군 조약 폐기를 미국에 통고하다.

1935년

- 3월: 독일이 베르사이유 조약의 군사 조항을 폐기하다.
- 7월 5일: 미·러 통상 조약이 성립하다.
- 모스크바에서 열린 제7회 코민테른 대회에서 서유럽에서는 인민 전선 운동을 일으킬 것과, 중국에서는 장제스와 공산군을 화해시켜서 일본과 투쟁하게 할 것이 결의되다. 인민 전선이란 것은 데모크라시의 가장 좌익인 급진당과 사회주의와 공산당을 합동시켜서 파시즘에 대항하게 하는 것을 말한다. 이 뒤 인민 전선적 경향은 차차 서유럽 밖으로도 적용되다.
- 8월 1일: 중국 공산당이 '항일 구국을 위하여 전체 동포에게 보내는 글'(항일구국선언, 또 8·1선언이라 이른다)을 발표하다. 이는 중공의 목표인 중국 소비에트 정권 수립의 방향으로부터 민족주의 방향으로의 일대 전환을 보인 것으로서, 소련의 의도를 반영한 것이었다.
- 지난 7월 5일에 중국에서의 우리 해방 운동 선상에서 민족혁명

당이 새로 출발하여 전선이 분열되었다가, 10월 19일에 임시의 정원 회의를 항저우(廣州)·자싱(嘉興) 등지에 열고, 임시정부를 다시 강화하여 11월 3일에 국무위원의 취임을 행하다.

- 10월 3일: 분쟁 중의 이탈리아·이디오피아가 드디어 교전 상태로 들어가자 국제연맹이 총회를 열고 이탈리아 제재를 상의하다.

1936년

- 2월 26일: 도쿄에서 군대가 반란을 일으켜서 계엄령이 났다가 29일 진정되다. 이른바 2·26 사건이다.
- 5월: 이탈리아·이디오피아 전쟁은 이탈리아의 승리로 돌아가서 4일 이탈리아군이 수도 아디스아바바에 입성하다.
- 6월: 조선 국경의 수비대가 저희의 새 임무를 위하여 물러나다.
- 8월 5일: 총독 우가키 가즈시게가 물러나고, 미나미 지로(南次郎)이 뒤를 잇다.
- 정무총감 이마이다 기요노리가 물러나고, 오노로쿠 이치로(大野綠一郎)가 뒤를 잇다.
- 12월 12일: 중국에서 시안(西安) 사건이 나다. 당시 장제스는 서북초비사령부(西北剿匪司令部)를 시안에 두고 스스로 총사령이 되고 장쭤린(張作霖)을 부사령으로 하여 비적 제압을 맡게 하였는데, 적화사상의 영향으로 장병(將兵)이 비적 토벌 목적에 회의적이다가 장제스가 오자 감금하고 좌익적 요구를 표명한 것인데, 저우언라이(周恩來)의 조정으로 2주 만에 감금을 풀고 이를 계기로 하여 국공합작이 진행하게 되었다.
- 12월 12일: 제령으로 조선사상범보호관찰령을 공포하고, 18일 부령으로 시행 세칙을 공포하다.

일본군 보천보 주재소
당시 전투 상황을 보여주는 총알 자국이 보인다.

1937년

- 6월 4일: 김일성 영도 하에 있는 항일 인민 전선적 결사가 혜산 경찰서 관할 하의 보전읍(保田邑)을 습격하여 큰 전과를 거두다.

- 7월 7일: 베이징 교외의 루거우차우(盧溝橋)에서 중국군과 일본이 충돌하여 이른바 지나 사변이 일어나다.

- 8월 22일: 중국의 국민정부는 참전을 요청한 홍군을 중앙군의 제8로군으로 개편하고, 주더(朱德)·펑더화이(彭德懷)에게 지휘를 맡기다.

- 홍군의 제8로군 개편에 따른 국공 군사 공작에 이어 9월 22일 중국공산당 중앙집행위원회는 국민당에 대하여 함께 국난 극복에 나서겠다는 의향을 전하는 동시에 전국에 선언을 발표하여 삼민주의를 준수하고 항적(抗敵) 전선을 맡겠다는 결의를 표명하여 국공 합작이 이루어지다.

- 10월 5일: 국제연맹 이사회는 일본을 침략국으로 인정하고 중국에 대하여 도의적 원조를 약속하다.

- 11월 10일: 상하이가 일본군에게 돌아가다.
- 11월 16일: 중국의 국민정부는 수도를 난징으로부터 충칭 · 한커우(漢口) · 창사(長沙) 등으로 분산 천도하여 우리 정부도 거기에 따르게 되다.
- 지나 사변 후 곧 임시정부에서는 한국광복운동단체연합회를 조직하고, 좌익에서는 따로 조선민족대선연맹을 조직하여, 각각 그 방면에서 한중 합작의 혁명 진(陣)을 추진하였다. 한편으로 만주의 반만 항일군과 옌지의 8로군에 있는 조선 혁명 투사의 활약도 나날이 기세를 더하여 가다.

1938년
- 3월 10일: 안창호(安昌浩) 죽음.
- 4월 11일: 조선총독부가 '육군병 지원자 훈련소 생도 채용 규칙'을 공포하여, 이른바 지원병을 강제 징집하고, 6월 13일에 제1회 입소식을 행하다.
- 7월 10일로부터 조선 · 만주 국경 장고봉(張鼓峰)에서 일본군과 소련군의 항쟁이 생겨서 한참 동안 전운이 서렸다가, 8월 10일 모스크바에서 정전 협정이 성립하여 겨우 진정으로 돌아가다. 일은 일본군 때문에 생겼지만, 당시 소련은 유럽에서 체코 문제가 영국의 친독일 및 반소련 정책 때문에 낙관하기 어려운 상태이므로 무사히 수습되다.
- 10월 10일: 조선민족대선연맹은 성자(星子)군관학교 졸업생을 주체로 한 조선의용대를 편성하여 중국의 각 전구(戰區)에 배속시키다.

1939년
- 2월: 임시정부는 광시성 류저우(柳州)에서 광복진선청년공작대

를 조직하여 항일 전선의 강화에 힘쓰다.

- 5월 4일: 만몽 국경에서 노몬한 사건이 나서 한참 동안 소련군·일본군 간에 격전이 있다가, 9월 16일 정전 협정이 성립하다.
- 7월: 미국이 미일 통상 조약 폐기를 통고하다.
- 중국에서는 전년 말부터 화평론을 제창하고 충칭에서 탈출하여 있던 왕징웨이(汪精衛)가 9일 장제스와 절연을 성명하다.

1940년

- 3월 12일: 쑨원 별세 15주년 기념일에 왕징웨이가 중국 국민당 중앙집행위원회 주석의 이름으로 화평 건국 선언을 발표하고, 30일에 난징에서 새 국민정부 정무를 개시하다.
- 5월: 처칠이 영국 수상이 되다.
- 9월 27일: 일·독·이 동맹 조약이 체결되다.
- 10월 9일: 대한민국 임시약헌(臨時約憲)이 개정 반포되다.
- 11월 6일: 루즈벨트가 미국 대통령에 3선되다.
- 이 해, 임시정부의 전속으로 광복군이 편성되다.

1941년

- 4월 1일: 하와이에서 미주와 하와이에 있는 한인 교포 13단체 대표자가 모여서 재미한족연합회를 만들고, 시국 대응책 3조를 정하다.
- 6월 22일: 독일 정부가 소련에 선전 포고하고 바로 진격을 개시하자, 이탈리아·핀란드 등이 이에 따르다.
- 8월 29일: 임시정부는 루즈벨트·처칠의 전쟁 수행 방침 선언에 대하여 한국 입장에서의 대응 조건을 성명하다.
- 11월 28일: 대한민국 건국 강령이 제정, 반포되다.
- 12월 8일: 일본의 하와이 진주만 공습으로써 미일 간의 태평양

전쟁이 일어나다.

- 12월 9일: 임시정부가 대일 선전 성명서를 선포하다.

1942년

- 1월 25일: 임시정부 선전위원회가 '국내외 동포에게 고하는 글'을 발포하다.
- 3월 1일: 한국 임시정부 제23주년 3·1절 선언이 발포되다.
- 임시정부를 개조 강화하여, 김구가 주석, 이승만이 주미 사절로 선출되다.
- 4월 11일: 임시정부 선전위원회가 『한국독립운동문류(韓國獨立運動文類)』를 간행하다.
- 5월 29일: 총독 미나미 지로가 물러나고, 고이소 구니아키(小磯國昭)가 뒤를 잇다.
- 정무총감 오노로쿠 이치로(大野綠一郎)가 물러나고, 다나카 다케오(田中武雄)가 뒤를 잇다.
- 6월 11일: 유럽에 제2전선 형성을 주목적으로 하는 영·소와 미·소 조약의 성립이 발표되다.

1943년

- 7월 23일: 이탈리아에서 파시스트 정권이 넘어지고 바돌리오가 새 정부를 조직하여 9월 10일에 연합국에 대하여 무조건 항복을 하다.
- 8월 1일: 일본이 징병령을 조선에 실시하기로 하다.
- 11월 22일부터 북아프리카 카이로에서 전쟁 뒷마무리에 대한 미·영·중 3국 회담이 열려서, 27일에 공동 선언을 발표하다. 그중에 조선 독립이 인정되다.
- 이 해, 북미와 하와이의 한인 교포 청년이 국방 부대를 편성하여

항일에 대비하다.

1944년

- 7월 22일: 총독 고이소 구니아키가 물러나고, 25일 아베 노부유키(阿部信行)가 뒤를 잇다.
- 정무총감 다나카 다케오가 물러나고, 엔도 류사쿠(遠藤柳作)가 뒤를 잇다.
- 8월 이후로 미국 항공기의 일본 습격이 차차 본격화하여 가다.
- 이 해로 들어오면서 전쟁 국면이 긴박해지고 국내의 해방 전선이 크게 맥동(脈動)을 더하여 비밀 운동 단체의 조직이 경향에 수북하여지다.

1945년

- 1월: 미국 버지니아주 호트 스프링에서 열린 언라 대회에 우리 대표 3인이 정식으로 출석하여, 조선의 입장을 설명하여 동정을 널리 얻다.

일본의 항복 문서 조인 장면

- 4월: 미국 대통령 루즈벨트가 죽고 트루먼이 뒤를 잇다.
- 7월에 미·영·중 3국 대표가 프로이센의 포츠담에서 회담하고, 26일에 공동 선언으로 일본에 대하여 무조건 항복의 최후 기회를 준다고 발표하다.
- 8월 8일: 소련이 포츠담 선언에 가입하고, 9일에 조선과 만주 국경에서 대일전을 시작하자, 14일 일본이 미·영·중·소 4국에 대하여 항복의 뜻을 통고하고, 15일 일황 스스로 방송으로 발표하다.
- 9월 8일: 미국군이 경성으로 진주하고, 9일 경성에서 총독 아베 노부유키 이하의 항복 문서 조인이 이루어지다.

부록 3. 주요 참고 문헌

조선측 문헌

『한국통사(韓國痛史)』, 『한국독립운동문류(韓國獨立運動文類)』, 『한국 독립운동지혈사(韓國獨立運動之血史)』, 『동아일보』, 기타

일본측 문헌

『소요사건의 개황(騷擾事件ノ概況)』, 『조선사상운동조사자료(朝鮮思 想運動調查資料)』, 『조선총독부시정연보(朝鮮總督府施政年報)』, 『시정30 년사(施政三十年史)』, 『조선의 독립사상과 운동(朝鮮の獨立思想及運動)』, 『상해재주불령선인상태(上海在住不逞鮮人狀態)』, 『병합25년사(併合 二十五年史)』, 『주요사건예심결정서 및 재판판결서(主要事件豫審決定書 及 裁判判決書)』

일반 사항

『사회과학대사전(社會科學大辭典)』, 『조선연감(朝鮮年鑑)』, 『시사연감 (時事年鑑)』, 『지나문제사전(支那問題辭典)』, 『동북연감(東北年鑑)』, 『만 주제국연감(滿洲帝國年鑑)』

조선독립운동사

3 · 1운동의
사적 고찰

1. 한반도의 환경 조건

한반도의 지리적 위치로는 육교와 같은 성격이 있으니, 곧 대륙과 해상의 사이에서 모든 인물·문화·정치 세력의 중계와 전달이 소임으로 약속되어 있다. 고대에 대륙 여러 계통의 인민과 문화 등이 반도를 경유하여 일본 열도로 유입한 것, 중엽에는 몽고의 압력이 고려를 통하여 일본으로 들어간 것, 근세에는 도요토미 히데요시(豊臣秀吉)가 조선을 통로로 하여 명으로 침입하려 하고, 메이지(明治) 이후에는 제국주의 일본이 청과 러시아에 대한 전쟁을 반도에서 일으켜 대륙 정책을 수행하려 한 것 등등이 이 실례에 속하는 것이다.

한반도는 역사적 위치로는 민족 세력이 교차하는 지점이고 또 대륙의 풍운이 배양되는 지점에 근접해 있다. 아시아 북동 지방, 지금의 만주·몽고 일대 지역은 세계에 유수한 민족 흥망의 역사적 무대이다. 태고 때부터 퉁구스·흉노·예맥·선비·돌궐·거란·여진·몽고 등 허다한 민족이 겨끔내기로 흥망성쇠를 두꺼비씨름처럼 하여 풍운의 변화가 주마등처럼 심했다.

그런데 이러한 민족 세력의 기류(氣流)는 그대로 바로 한반도로 영향을 파급되어, 크든 적든 어느 정도의 소요를 유발하지 않은 적이 없었다. 고구려가 한·위·5호16국·남북조·수·당과, 고려가 요·금·원과, 이조가 북로남왜(北虜南倭)에 대항하는 현상이 다 이 관계를 말하는 것이다.

이상의 두 가지 조건이 합하여 전체 조선 역사를 진행하는 데 추진력이 되어 조선의 역사를 국난 또는 국난의 기록으로 만들어 놓았다. 그런데 두 조건에는 또 수많은 제2차적 특징이 있음을 발견

---

* 이 글은 『현대공론』 1954년 2월호에 실렸다.

할 수 있다. 남방에서는 육교성이 더 현저히 발양되고, 북방에서는 여러 세력의 교차성이 더 크게 작용된 현상이 그 하나이다.

북방 세력의 반도 침략은 대개 중국 중원으로 발전하려 하는 과 정에서 혹시 반도가 후방을 교란할까봐 두려워해서 한때 기를 꺾 으려는 것이고, 남방 해상에서 들어오는 놈은 반도 상륙에 사활을 걸고 욕구를 만족하고자 하는 경향을 가진 게 또 하나의 특징이다. 3·1운동의 역사적 의의를 천명할 때에도 먼저 이 기점(基點)에 주 의할 필요가 있다.

2. 북포동완(北暴東頑)의 역사적 약속

한반도는 지리적 역사적 이유로 해서 늘 주위 민족이 보채는 가 운데서 반발과 저항의 역사를 만들어 나갈 운명에 처해 있었다. 이 것이 반도의 옛사람들이 '북포동완(北暴東頑)'이라고 하는 것으로, 이조 세종조의 악장에 "북포(北暴)와 동완(東頑)도 의(義)를 사모하 여 다투어 돌아온다."라고 나오는 것이 그것이다.

그런데 북포(北暴)는 단편적·간헐적·개별적인데 비해, 동완(東 頑)은 연속적·항구적·누진적인 점에서 차이점을 가지고 있었다. 곧 북방의 세력은 거란이고 여진이고 몽고가 각각 흥성할 때에 한 참 함부로 날뛰다가 세력이 소멸하면 그만이지만, 남방에서는 왜 나 일본의 세력이 천년을 하나같이 대항 관계로 홀연히 왔다 홀연 히 사라지기도 하고 더욱 심해지기도 하면서 전 역사를 통해서 운 명적 침략을 반복하며 그 경향이 갈수록 심각성을 띠어오고 있다.

그래서 한반도의 국민 생활은 언제든 이 방면의 위협에 직면해 있을 수밖에 없고, 거기에 대한 긴장과 이완 여하가 국가의 안위와 민족의 흥폐를 좌우하는 약속을 가지고 있다. 국토와 국토, 민족과 민족의 역사적 대항 관계, 특히 육교 현상의 비슷한 예를 보건대, 서양 고대사에서 로마 반도와 카르타고 세력, 중세사에서 이베리아 반도와 사라센 세력 같은 것이 있지만, 이것들은 한참 항쟁하다가 한쪽이 거꾸러지면 그만 종료하는 것이다.

이와 반대로 한반도 대 일본은 차지고 검질기게 언제까지고 계속하고 끊이지 않는 성질을 가지고 있다. 마치 유럽 역사에서 영·독·불의 상호 관계에 비해 볼 수 있지만, 그보다도 훨씬 심각하여 강인한 양상으로 진행하고 지속하고 있는 것이다.

3. 침략자 일본과의 상대 관계

한·왜(일본)의 교섭은 물론 신화 시대로부터 시작하고, 또 그때부터 이미 평화적 성격이 아니라 항쟁적 성격으로 전개되어 나왔다. 일본의 신화는 말하기를 천지가 배포될 때에 섬인 일본에는 모자라는 부분이 있는데 한반도에 있는 남는 땅을 끌어다가 일본 국토를 완성하였다고 한다.

또 말하기를, 일본국의 신화적 시조인 남매 중의 남성자(男性者)는 금은이 있는 한국의 보화를 가져오기 위해 배를 먼저 만들어야 한다며, 자기의 수염과 체모(體毛)를 뽑아 땅에 심어 훌륭한 재료를 만들어 배를 지어 가지고 반도의 물자 약탈자로 활동하였다고 한다. 또 말하기를 한(韓)의 땅은 재국(財國)이고 보국(寶國)이고 풍국(豊國)이고 금은의 나라라 하여 부러워하며 탐욕의 의사를 널리 설파하였다.

신화 시대가 지나고 전설적 의원사(擬原史) 시기에 들어와서도, 일본 고전적에 보이는 한일 교섭은 다 물자와 관계된 사실이고, 그것을 무력적으로 약탈하거나 아니면 평화적으로 교역한 경과를 서술하는 것들이다.

그들이 자랑스레 얘기하는 한 전설에, 이키나가 다라시(息長帶)라는 여주(女主)가 규슈(九州) 지방에 정벌을 왔다가 신화를 들었는데, "이 허망한 고장보다 월등히 나은 보물의 나라가 미인의 눈썹처럼 건너편에 있으니, 곧 눈이 부시는 금은 채색이 많이 있는 신라국이다. 가서 취하라."고 하자, 이에 임신한 몸으로 바다를 건너 원정하여 신라국을 굴복시키고 영원한 물자 공급을 언약하게 하였다 한다(『일본서기』 仲哀 8년).

또 일설에는 이키나가 다라시가 신라 원정을 나갈 때에 히젠(肥前)의 마쓰우라(松浦郡)에 이르러 어느 천변에서 낚시를 던지면서 빌며, "이번 신라 정벌은 그들의 재보(財寶)를 구하자는 것이오니, 성공하겠거든 세린어(細鱗魚)가 내 낚싯줄을 물게 해 주십시오."라고 하여 그대로 되었다고도 한 것이 있다(『肥前風土記』).

이키나가 다라시는 신라 정벌에 성공하여 후에 진구후(神功后)라는 존칭을 받았다고 하는데, 요컨대 이 전설은 여성이면서 임신 중임에도 바다 건너 쳐들어가 약탈한 것이 장하다는 의미에 다름아닌 것이다.

내켜서 진정한 원사(原史) 시기에 들어와서는 일본의 기록이 굉장히 떠들썩하게 말하기를, 일본은 우리 낙동강 하류 지금 김해 지방을 중심으로 하여 세력 근거지를 두고, 신라·백제와 전쟁과 화해 두 방식으로 접촉하여 철과 미곡 등 물자를 취득하자, 이들 반도 여러 나라가 다투어 수요 물자를 공부(貢賦)처럼 일본으로 실어와, 당시 일본의 국제항인 난바(難波; 지금 오사카 부근)에는 반도의 선박이 수백 척씩 정박해 있었다고 한다.

그 기록대로 말하면, 김해 당시 지명으로 임나(任那)에는 일본의 관부(官府)가 있었고 반도의 물자는 공납 형식이었다고 하는 것이다. 대개 무역으로 이문을 얻기 위하여 화물 교역선이 퍽 빈번하게 왕래하였던 듯하다.

여하간 고대 한일 관계는 반도 물자의 수요를 본위로 하는 것이고, 반도의 물자와 아울러 모든 기술은 당시 일본이 절대로 필요로 하는 경국제민(經國濟民)의 재료였던 것이다. 보통 국제 관계는 '기브 앤드 테이크'를 원칙으로 하지만, 고대의 한일 관계는 반도는 언제든지 '기브'의 편이고 일본은 언제든지 '테이크'의 편이어서, 어느 편이고 일방적으로 생긴 변태적인 성격을 띤 관계였다는 게 주의된다.

4. 한일 관계를 표상하는 설화

뺏고 빼앗기는 교섭 관계가 평화로울 수 없으며, 한일의 사이는 많은 경우에 주먹이 말을 하고 그러면 서로 감정이 험악할 수밖에 없다. 고대 한일 관계를 표상(表象)하던 동일한 의장(意匠)의 전설이 양쪽에 하나씩 있다. 신라의 고기(古記)에 있는 이야기이다.

신라의 국력이 아직 약한 제17대 내물왕 때에 열 살짜리 아들 미해(美海)를 일본에 보내어 둔 일이 있었다. 왕이 죽고 눌지가 왕위를 이었는데, 눌지는 늘 아우를 생각하고 있었다. 그때 삽량주 태수 박제상(朴堤上)이 자원해 일본으로 가서 왜왕에게 신하가 되는 체하고 미해를 몰래 뽑아 귀국시키고, 왜왕에게 잡혀 문초를 받게 되었다. 박제상이 미해를 보낸 것이 신라의 신하된 자로서 당연한 일이라고 하자 왜왕이 성내며 물었다.

"네가 일본의 신하된 지 오래되었는데 신라의 신하라니 웬 말이냐? 다시 신라의 신하라 하면 악형을 더할 것이고, 왜국의 신하라 하면 큰 상을 주겠다."

박제상이 말했다.

"차라리 신라의 개돼지가 될지언정 왜국의 신하는 되지 않을 것이오. 차라리 신라의 매를 맞을지언정 왜국의 상은 받지 않겠다."

왜왕이 더욱 노하여 갈대를 베어다가 쌓고 그 위로 달음질시키며, 철판을 달구고 그 위에 세우면서 고문하였으나 끝내 굴복하지 않자, 목도(木島)라는 곳에서 박제상을 불에 태워 죽였다. 박제상이 왜국에 가서 죽고 돌아오지 못하자 박제상의 처가 경주 동편의 동해를 내려다보는 치술령에 올라가서 망곡(望哭)하다가 죽었다. 이에 신라인이 이 고개 위에 그의 사당을 지어 제사를 바쳤다.

다음은 일본의 고적(古籍)에 있는 이야기이다.

신라의 진흥왕 때에 국력이 충실하여 임나(곧 가락) 여러 나라가 압박을 받고, 임나에 주재해 있던 일본 관리끼리의 사이가 좋지 못하여 마침내 진흥왕 23년에 임나(가락)국이 신라로 병탄되고 일본인 다수가 신라군에게 포로로 되었다. 이때 왜 포로 중에 츠기노이키나(調伊企儺)란 자가 있었는데, 사람됨이 용렬하므로 끝내 신라에 항복하지 않았다.

신라의 장수가 칼을 빼 목을 베려 하면서 츠기노이키나의 옷을 벗기고 궁둥이를 일본으로 대고 "일본 왕아, 내 궁둥이를 먹어라." 하라고 하였다. 이에 조이기나가 도리어 "신라 왕아, 내 궁둥이를 먹어라."고 소리를 질렀다. 다시 더 고문했으나 여전히 그렇게 하자 마침내 죽여 버렸다. 츠기노이키나의 처 오호바고(大葉子)도 사로잡혔는데, 이것을 보고 "한국의 해변에 서서 나는 조국을 향하여 수건을 내두르노라." 하는 뜻의 노래를 지어 불렀다.

이 두 이야기가 얼마만큼 사실이고 얼마만큼이 보태진 이야기인지는 알 수 없지만, 대개 두 국민의 적개심으로부터 이러한 비슷비

숫한 이야기를 만들어서 서로 옮기고 용을 쓴 것이 당시 한일 간의
공기였다.

5. 항구적 · 점진적인 침략 형태

한일의 국제 교섭은 오랜 옛날부터 이렇게 평온하지 못하게 개
시되었고, 일본이 언제든지 항상 약탈자 · 침략자로서 한국을 보채
는 형태였다. 신라 말부터 고려조에 걸쳐서 반도의 물자가 평화적
으로 구해지면 무역 형태에 만족도 하지만, 어떤 사정으로 수급 관
계가 원활하지 못한 때에는 그들은 금세 해적이 되어 거리낌없이
우리의 민생과 국가 경제를 위협하였다.

이러한 무역 반 해적 반인 관계가 오래 지속되다가, 고려 제30대
충정왕 이래로 이씨 조선 제4대 세종조에 걸치는 70여 년 동안에
그들의 사회적 사정으로 인하여 무사 계급 다수가 도적으로 전업
하고, 그 여파가 바다 건너 우리나라로 파급한 것이 역사에서 이른
바 왜구란 것이었다.

우리 세종 전후에 한편으로는 위압(危壓)하고 한편으로는 회유하
는 정책이 효과를 발휘하여, 왜구의 근심이 한반도로부터 멀어졌
으나, 오히려 중종 · 명종간에 여러 번 돌발적 왜변이 있었다. 조선
에 내부 분열이 있을 때에 일본에는 도요토미 히데요시가 나라 안
을 통일하고 등장하여, 선조조에 임진 이후 7년간의 큰 병란이 일
어났었지만, 조선과 대륙 세력의 연합군이 이를 막아내 일본의 대
륙 야욕이 할 수 없이 사라지게 되고 말았다.

그러나 임진란의 종결은 결코 한일 간의 상충 관계가 소멸했다
는 의미는 아니었다. 난 후에도 일본의 전위(前衛)인 대마도와 이키
도(壹岐)의 무리들은 의연히 부산의 한 귀퉁이에 발을 붙여 놓고서

평화를 위장하여 세력을 키워 오다가, 메이지 이후 국력이 충실해 지자 가장 두터운 근기(根基)와 큰 규모의 대륙 정책이 반도를 교두 보로 하여서 착착 전개하였다.

병자 수호 조규로 임오 · 갑신 정변을 거치면서 먼저 반도 정치 에 대해 말 참견할 권리를 얻고, 다음에 1894년 청일 전쟁으로 청 국의 굴레를 끊고, 다시 1904년 러일 전쟁으로 러시아의 세력을 쫓 고, 한 계단 한 계단 발판을 높여서 드디어 1910년 한일 합방이라 는 결과를 맺었다.

여기서 우리가 주의할 것은, 우리 삼국 시대에는 일본의 세력이 반도 남쪽 해안에 기어올랐다가 쫓겨 갔으며, 고려 시대에는 왜구 로서 반도 허리까지의 연안을 못 견디게 굴다가 말았으며, 임진란 에는 그 진흙발이 서쪽으로는 평양, 북으로는 회령까지 밟았다가 물러난 것처럼, 그들의 침략은 간단없는 연속이며 한 발짝 한 발 짝 점진했다는 점인데, 한일 합방은 곧 수천 년 쉼 없이 반도를 집 어삼키려고 노려왔던 흉악한 음모가 한때 전면적으로 성공한 것을 의미한다는 점이다.

6. 한민족의 전통적 반발 작용

조선이 한나라의 무제, 위나라의 공손씨, 수나라의 양제, 당나라 의 태종 이하 요 · 금 · 원 · 청의 침략을 내리 받아왔지만, 결국은 외교적 방법으로 몸을 낮춰서라도 목숨을 유지하였다. 그러나 이 번에는 오랜 기간에 허다한 이민족과의 항쟁에서 처음 경험하는 일이었다. 그런데 가장 영험공증(靈嫌功僧)으로 내려오는 일본에게 당하고 또 가장 간사하고 교활한 방법으로 당하고, 또 그 결과에 있어서 국가 인민으로서 가질 모든 전반적 권리를 상실하고 기회를 잃어 심각하고도 투철한 형태로 당하였다.

이것은 조선인이 아니라도 감내할 수 없는 일이겠지만, 수나라를 살수에서, 당나라를 안시성에서, 거란을 통주에서, 몽고를 귀주에서 여지없이 격퇴하고, 임진·정유의 7년 대란에 적의 배 한 척, 병졸 한 명도 서해로 내보내주지 않은 빛난 전통을 가진 한국민이 이 일본 제국주의의 재앙을 어떻게 참아내고 대응하려는지가 진실로 역사적 의미에서 특히 주목되는 일이었다.

이즈음 한국과 일본의 정치적·군사적·경제적·국제적 세력을 비교해 볼 때, 한국의 유민(遺民)이 얼마만한 반발력을 발휘할 수 있을까, 일본의 태산 같은 압제력과 그물 같은 경찰망에서 이를 무릅써 가면서 한인이 얼마만한 민족 정신을 선양할까, 이를 보통의 수학적·물리학적 공식으로는 아무도 명쾌하게 산출할 수가 없었던 것이다.

이른바 105인 사건을 시발로 하여 유실무실(有實無實)을 막론하고 일본인의 한인에 대한 신경 공세가 가장 참각(慘刻)한 형태로 쉬지 않고 계속되는 중에서 한인된 자가 상성(常性)·평심(平心)도 유지해 갈 수가 없는데, 이러한 최악 조건 속에 민족 정신 내지 정치 운동이라는 것이 발발하며, 또 불길처럼 치솟을 수 있다고 하는 것은 도리어 기적에 가깝다고 할 것이었다.

그런데 한국민은 합방 이후에 특별한 지도자가 있는 것도 아니고 따라서 일정한 기획안이 선 것도 없는 채로, 혹은 지하 혹은 해외 혹은 당당하게 사회 표면에서 강인하고도 용감한 광복 운동을 추진하여, 드디어 10년이 못 되는 단시일 안에 맨손으로 말만으로 "조선은 독립국이고, 조선인은 자유민이다."고 외치며 세계를 향하여 우주 공간을 향하며 큰 소리로 높이 주장하였다.

그 심중에 대포도 군함도 없었으며, 그 안중에 제국주의 일본도 자본주의 세계도 없었으며, 오직 있는 것은 역사적 근거와 도의적 추진력을 배경으로 하는 정당한 정치적 권리와 생존상의 발전할 권리에 대한 요구 하나뿐이었다. 이 운동의 준비·경과·영향 등에 관한 것을 여기에 번거롭게 들 필요는 없다. 다만 이 불가사의한 대운동이 어떻게 일본의 간담을 써늘하게 하고, 세계의 이목을 끌게 했는지는 거의 상상할 수 없는 것임을 다시 한 번 묵상하고 싶을 뿐이다.

물론 조선인 한국민의 선천적 능력에는 남들처럼 장점도 있고 단점도 있고 또 특질도 있다. 그중에서도 이민족의 침략에 대한 반발성, 저항력, 국민적 책무 완수 의식에서는 진실로 세계에 유례를 보기 어려울 만큼 독특하고 탁월한 역량을 가진 것이 역사에도 많은 흔적을 남기고 있지만, 일본에 대해서 그러하고 또 특히 3·1운동에 있어서 그러함을 확인하지 않을 수 없다.

일본이 반도의 물자를 필요로 하고, 또 그 대륙으로 나가려는 의욕을 버리지 않는 한 한일의 교섭에는 이후에도 허다한 마찰과 충돌과 사활을 건 투쟁이 있겠지만, 임진란과 3·1운동에서처럼 우리의 전통 정신인 외력(外力)에 대한 반발과 자주를 옹호하려는 잠재력은 그때마다 맹렬히 솟아올라 그것을 배격하고 물리치고야 말거라는 걸 우리는 역사의 등불에서 증명하며 확신하는 것이다.

7. 민족적 완성과 세계적 진출

이상에서 우리는 3·1운동의 주요한 역사적 의의의 일단을 고찰하였다. 물론 그 역사적 의의가 여기에 그치는 것이 아니며, 이는 이후 두고두고 사학가의 연구 발명으로써 갈수록 범위와 심도가 증가되어 갈 것을 기대해야 될 것이다. 이왕지사 여기에 그 대상이 될 한두 가지만 덧붙이겠다.

3·1운동은 조선 민족의 완성을 의미하는 것이다. 조선인이 민족이라는 자각을 가지게 되기는 벌써 천수백 년 전의 일이다. 한(漢) 민족이 반도의 복장을 차지하여 4군 또는 2군을 두고 그전에 모르던 압박을 받은 때에 있었지만, 그 이후에는 민족 감정이 세련되고 승화할 기회가 충분하지 못하여 신라에서나 고려에서나 다 민족이 일치하는 열매를 보인 일이 없었다.

더욱이 이조에 들어와서는 여러 가지 당론 관계로 국내가 수많은 소독립국처럼 대치하는 양상을 나타내고, 또 양반과 상민, 적자와 서자, 문(文)과 무(武), 빈(貧)과 부(富) 등으로 쪽쪽이 분열되어 있었다. 그러나 3·1운동에 있어서는 천만 갈래의 차별상이 온통 깨끗이 소멸되고, 다만 다 같은 한 조선인으로서 조금도 빈틈없는 민족 자결의 의사를 표시하였다. 겉과 속이 호오(好惡)도 흑백도 다 없는, 조선 민족의 융합체를 나타내었을 뿐이었다. 이러한 관점에서 나는 3·1운동을 조선인이 투철한 민족적 완성을 실현한 시기로서 중대시하고자 하는 자이다.

또 조선은 3세기도 더 이전부터 세계와 더불어 소식을 통하고, 최근세에 이르러서는 병자 수호 조규로써 개국을 행하고, 갑오 경장으로써 근대적 체제를 채용하고, 더욱이 한일 합방기에는 세계색과 근대색이 꽤 많이 침투도 되었다 하겠다. 그러나 이는 다 부분적이고 피동적이고 자연 추세적인 것이고, 참으로 조선인 자신이 세계와 손을 잡고 호흡을 통하려는 적극적 태세를 취했다고 할 사실은 아직은 있어 보지 못하였다.

그런데 3·1운동의 동기와 과정은 완전히 세계적이고 세계 역사적인 조류에 합일한 것이다. 특히 조선인 자신이 자진하여 세계의 대세를 인식하고 그것을 파악하여 내 민족 생활과 국가 운명에 적용하고 이용하고 활용했다는 점에서 특이한 의미를 가지는 중요한 사실이다. 이것은 마땅히 조선 민족 생활사나 사상사에서 대서특

필되어야 할 현상이라고 우리는 생각한다.

　3·1운동은 참으로 역사적 대사건으로서, 그 경우와 의의는 모름지기 다각적이고 다면적이고 다양하게 분석·종합·천명될 필요가 있으며, 이 간소한 글이 그 한 구석 한 끄트머리만큼도 제시하지 못하였음은 따로 말할 것도 없는 일이다.

조선독립운동사

3·1운동의
현대사적 고찰

건국 이래 반만년에 국토와 민성(民姓)의 전통이 면면히 이어져 끊어지지 않았는데, 일본에 의해 강제로 병합 당하자 온 국민의 통분과 격노를 유발하여, 의병은 유격전을 펴고, 지사는 실력 양성 운동을 벌이고, 또 일면으로는 국제 정세를 이용하는 외교 공작을 펴서 국권 회복의 열성이 날로 고조를 나타내었다.

일본은 무력 제일주의에 의해 조선을 통치하기로 하여, 병합에 임박한 때에 먼저 경찰 헌병 제도를 마련하여 탄압의 소지를 만들고, 병합을 하자 총독은 육군이나 해군을 임용하는 제도를 정하여 언제든지 무력을 행사하기에 편하게 하고, 이어 종래의 1개 사단 내외이던 주둔군 외에 새로 2사단을 증설하여 제어력을 충실하게 하였다.

한편 일본은 조선인에게서 언론과 집회의 자유를 빼앗고, 교육의 형식과 사상의 내부에까지 가혹하게 단속하고, 무릇 국성(國性) 파괴에 필요한 일에는 어떤 잔인 포학한 수단이라도 거리낌없이 멋대로 하며, 근거도 없이 큰 옥사(獄事)를 연방 일으켜서 정신 가진 사람을 근절시키고자 하며, 안팎으로 모든 생활에 무수한 질곡과 함정을 만들어서 조선인이 수족을 놀릴 여지를 가지지 못하게 하며, 직업·대우·경제적 진출 등에는 도리에 어긋나는 차별과 장벽을 겹겹이 쳐서 민족적 향상의 모든 기회를 완전히 차단시켰다.

날마다 일마다 강제하는 바는, 다만 몰아적(沒我的) 복종과 까닭 모르는 감읍(感泣)뿐이었다. 그러나 잠복 암행하여 광복을 꾀하는 이가 서로 이어 끊이지 않고, 국내에서의 운동이 거북하여진 이는 눈을 해외로 떠서, 북간도·러시아 연해주·서간도·북만주·시베리아로 항일 근거지가 뻗어 나가고, 베이징·톈진·상하이와 하와이·북미를 연결한 운동 전선이 형성되어서, 한혼(韓魂) 환기와

---

* 이 글은 『신세계』 1956년 8월호에 실렸다.

경제력 함양, 군사 훈련 등을 시세에 맞춰 시행하였다. 한편 세계 국면의 추이에 눈을 밝혀서, 가까이는 중국의 혁명 운동과 멀리는 국제적 계급 투쟁을 죄다 당겨다가 우리 민족 전쟁을 배양시키는 끈을 만들었다.

1914년 4월에 세르비아의 한 청년이 오스트리아 황태자를 쏘자 마침내 제1차 세계대전을 잡아 일으켰다. 만 4년 여의 혈전을 치르고 1918년 11월에 독일과 오스트리아 측의 패배로 종결되었다. 누가 이기고 지든지 전후의 세계에 큰 개조가 일어나리라는 것은 미리부터 일반이 느끼고 관찰하던 바이었다.

더욱이 그해 1월에 미국 대통령 윌슨이 강화의 기초 조건으로 14개 원칙을 발표한 것 중에, 각 민족이 각자의 운명을 스스로 결정할 것이라는, 이른바 민족 자결주의 항목이 있었다. 다음해 1월 이후에 영 · 미 · 불 · 이 · 일 5국이 이 지도 원리 하에 파리에서 예비적 평화 회의를 열게 되자, 세계의 피압박 민족 중에 누구보다도 조선이 이것을 예민하게 받아들여 이 정세를 정치적으로 유효하게 이용하기 위해 국내외가 일치하여 진작 착수하였다.

바야흐로 이러할 즈음에 다음해 2월 23일(구력 1918년 12월 20일)에 고종이 하세하고, 그 죽음에 의심점이 있다는 말이 퍼져서 국내의 인심이 크게 충격을 받았다. 작년 이래로 몰래 준비하던 민족 자결 계획이 여기서 폭발구를 발견하고, 3월 3일의 국장에 13도 인민 수십 수백만이 경성으로 모여들 것을 예상하고, 2월 말까지 필요한 준비를 완료하였다.

3월 1일에 조선 민족 대표 33인의 이름으로 중앙과 각 지방에서 일제히 「독립선언서」를 발포하고, 거기에 이어 청년 학생 중심의 행동대가 가두행진을 거행하여, 40~50만 군중이 독립 만세를 높이 외치며 도시의 주요 가로를 완전히 독립 전선으로 만들었다.

민족 자결의 의거가 한 번 일어나자 나라 안팎이 일시에 호응하였다. 국내에서는 방방곡곡·면면촌촌이 경쟁적으로 자결 만세를 부르자, 일본 군경이 방자하게 총을 쏘고 학살했지만 그럴수록 기세가 올랐다. 해외에서는 북서간도·남북 만주·러시아령·중국·미국·유럽 등 진실로 조선인이 거주하는 곳이면 다 태극기 아래에서 독립 선언식이 열렬히 거행되며, 4월에는 전 세계 각 지구를 대표하는 조선 민족의 전 세력이 상하이로 모여들어서, 17일에 임시정부를 건설하여 대의원을 두었고, 구미위원부를 만들어 나라 안팎이 어울러서 독립 운동을 활발히 전개하였다.

이 해 6월에 세계대전 강화 조약이 베르사이유에서 성립하고, 현상 유지에 급급한 여러 나라가 마침내 약소민족 문제를 불문에 붙이고 말았으나, 이번의 운동으로 말미암아서 조선 민족의 독립 정신은 가장 깊고 강하게 각인되었다.

베르사이유 강화 조약 이후에는 독립 운동이 저절로 장기전으로 변했다. 안으로는 지하 공작과 밖으로는 국제 활동에서 사람의 지혜와 힘을 다하여, 때를 따르고 시세에 부응하여 가지가지로 민족 전쟁의 새로운 양식을 만들어 가면서 돌아오는 시운에 대비하였다.

1931년 9월에 일본이 만주 사변을 일으키고 1937년 7월에 다시 지나 사변을 만들어서 중국에서 항일 구국전이 치열하여지자, 우리 투사는 여기에 과감히 참가하여 공동 항일의 유력한 일익이 되었다. 시세가 더욱 진전하여 일·독·이 3국이 서로 연결하고, 1939년 9월에 유럽이 다시 전란에 빠져서 미국이 거기에 뛰어들고, 1941년 12월에는 일본이 미·영을 상대로 하는 태평양 전쟁을 일으켜서 이제 진실로 유사 이래의 대전이 벌어졌다.

이렇게 세계의 시운이 달라지는 족족, 조선 인민의 독립 싸움은 새 기회를 붙잡고 또 새 국면을 만들었다. 만주에서는 반만 항일전의 중추로서 활동하고, 중국에서는 충칭의 중앙군과 옌안의 홍군에 다 유력한 별동대로 참가하고, 태평양 전쟁이 발발하자 12월 12

일에 단연히 일본에 대해 선전 포고하고, 세계 신질서 건설의 일익을 담당하였다. 한편으로 내지에서는 합법적 · 비합법적으로 가능한 한도의 해방 투쟁을 꾸준히 진행하여 조선인의 불요불굴하는 반발력을 보였다.

일본이 처음에는 기습 작전과 저돌적인 방식 등으로 기세를 얻은 듯하였지만, 세월이 끌림과 함께 중 · 미를 상대로 하는 두 전쟁 국면을 혼자 감당하지 못하였다. 개전 1년쯤부터는 세가 쇠해진 것을 가릴 수 없게 되고, 마침내 1943년 11월에는 미 · 영 · 중의 3국이 북아프리카의 카이로에 모여서 전후 수습책을 일방적으로 평정하기에 이르렀다.

이 카이로 회담의 선언에서, 중국은 만주는 물론이고 대만과 펑후도 등 잃은 땅을 모두 찾으며, 조선은 자유 독립국으로 부활될 것을 천명하였다. 일이 이쯤 되어 운명이 분명 결정되었지만 일본은 국민을 속여서 무의미한 발악적 항전을 계속하였다.

이 동안에 미국은 잠시 내놓았던 태평양 여러 섬을 모조리 회복하고, 우수한 성능의 중폭격기로 일본의 크고 작은 도시를 차례로 파괴하고, 다시 일순간에 대도시를 없애버릴 수 있는 원자탄을 개발하였다. 1945년 7월 하순에 3국이 다시 프로이센의 포츠담에서 회의를 열고, 일본에 대하여 무조건 항복을 권유하는 동시에, 소름 끼치는 새 폭탄의 위력을 나가사키(長崎)와 히로시마(廣島) 등 여러 곳에 실험하여 보였다.

일본에서는 이제는 하는 수 없이 소비에트 연방에게 항복 알선을 부탁하였다. 소련은 도리어 8월 8일에 포츠담 선언에 가입하여 9월에 조선과 만주 국경에 진공하였다. 이에 일본이 세력이 다하여 드디어 14일에 미 · 영 · 중 · 소 4국에 대하여 포츠담 선언을 따르겠다고 통고하고, 15일에 일왕이 스스로 항복한 사실을 국내외로 방송하였다.

이에 수년에 걸친 중일 전쟁·세계대전·태평양 전쟁이 다 일시에 종국을 고하고, 세계가 일신하는 기운 중에 조선의 독립이 37년 만에 회복되었다. 이렇게 하여 일본은 포악과 오만과 거짓 끝에 제 나라를 망하고, 조선인은 내외가 일치하여 불요불굴하는 협동력으로 민족 부흥의 서광을 맞이하였으니, 조선 역사의 연면성(連綿性)은 잠시 구부러진 길을 지나 다시 원래의 모습으로 돌아왔다. 돌이켜 보건대 이건 모두 다 3·1운동의 민족 봉기에 따른 것이었다.

선언서 구상[1]

3·1운동은 조선 민족의 고유한 독립심을 나타내는 것으로서, 본래로 말하면 누가 계획하고 누가 지휘하고 누가 추진했다고 할 것이 아니라, 민족 전체가 혼연히 하나로 움직인 것이라고 해야 할 것이다. 다만 국내에 있는 운동에 직접적으로 동기를 만든 사람은 과히 많은 수의 사람이 아니고, 그중에서도 마지막 운동을 형성한 데 간여한 이는 천도교의 최린(崔麟) 씨와 천도교와 기독교를 연락하는 임무를 맡은 나 두 사람이다.

운동의 방법과 민족 의사를 발표하는 모든 글을 짓는 소임은 내가 맡았다. 3·1운동은 요컨대 조선 민족의 민족 자결을 표시하는 일이므로, 이러한 글은 절대로 중요한 것이지만, 선언서 이하 일본 정부에 대한 통고, 윌슨 대통령에게 보내는 의견서, 파리 강화 회의에 보내는 메시지 등의 형식과 내용과 표현 전부가 내 의사로 작성해서 그대로 실제로 사용된 것이었다.

독립 선언이란 것은 실제에 유례를 많이 보지 못하던 글이라, 우

---

1 이하는 1955년 『새벽』 3월호에 실린 「내가 쓴 독립선언서」를 재수록한 글이다.

리 선언문이 모범을 삼을 것은 하나도 없었다. 그러므로 우리의 독립 선언은 외형과 내용에서 완전히 독창적인 것이었다. 3·1운동은 기미년 운동을 독립 선언의 형식으로 하고 그것을 3월 1일에 거행하기로 결정한 것이 11월 초순의 일이다. 선언서 이하 모든 글을 짓는 동안은 2월 22~23일 경까지 약 2주일 동안의 일인데, 이 동안에도 주간에는 연락 사무를 맡고 야간에 사람 없는 틈을 타서 매한 편을 3, 4일씩 두고 지은 것이었다.

(1) 조선 민족의 독립 정신과 그 유래를 철두철미 민족 고유의 양심과 권능에서 발동하는 것으로 함(당시에 독립 운동을 지도하는 사람들 중에는 조선이 오랫동안 중국을 종주국으로 한 점에 대하여 구구한 변명을 시험하는 이가 많이 있었는데, 나는 이 점을 본질적으로 부인하자는 것이 첫째로 주의한 점이다. 선언서의 제1절은 이 의사를 밝힌 것이다. 변변하지 않은 글이나마 힘과 권위로써 독립을 주장하기에 실수 없게 된 것은 이 1절에서 성공했기 때문이다).

(2) 다음으로 중요한 것은 조선인의 독립 운동은 배타심, 특히 단순한 배일 정신에서 나온 것이 아니라, 민족의 생존 발전상 당연한 지위를 요구하는 데서 나오는 일임을 밝히려는 것이었다. 합병 이래로 조선인의 민족 정신은 오랫동안 애국심과 배일심을 혼돈하여 구별이 없고, 입을 열면 마치 일본이 밉기 때문에 조선이 독립해야 한다는 의미의 말들을 많이 하였다. 나는 이 점을 옳게 생각하지 않고, 쉽게 말하면 일본이 우리에게 잘해 주고 우리를 예뻐할지라도 그 때문에 조선인의 독립 정신이 조금이라도 손상되거나 조선이 일본에 대한 정치적 불만이 완화되지 않을 것이라 역설하여 왔다.

(3) 나는 조선인의 독립 운동은 조선인 독자의 이기적 동기에서 나오는 것이 아니라, 동양 전체의 평화 내지 세계 역사의 추세에 비추어 불가결한 것이고 타당한 것임을 주장하려 하였다. 한국의

병합은 중국인의 의심을 불러 두려움을 유발해서 동양 평화의 파괴가 여기서 시작되고, 일면에서는 권력의 체제로부터 도의의 기구로 변화하려는 인류 진보상의 일대 오점인 것을 주장했다. 이 점은 적어도 그 후의 동양 정세에 대하여 약간 예언적 의미를 가졌다고 볼 것이다.

(4) 조선인의 독립 운동은 한때의 감정으로 일어났다가 꺼질 것이 아니라, 그 목적을 완수하기까지는 언제까지나 지속될 성질의 것임을 밝혔다. 파리 강화 회의가 세계 평화의 새 기구를 성공적으로 처리하거나 말거나 이를 묻지 말고, 조선의 불합리한 정치적 지위가 개정되기까지는 어디까지고 조선인의 독립 운동이 줄기차게 진행되어야 한다고 굳세게 주장했다. 선언서 가운데에 '양심이 오등(吾等)…'한 것이 그것이다. 그리고 최후에 '착수가 곧 성공이라'한 것도 이 의미에서 나온 말이다.

이상의 네 가지 조건이 선언서를 기초하는 동안에 항상 주의하여 어그러지지 않기를 기약한 것이었다.

내가 「독립선언서」를 쓴 때는 29세의 청년 시절이었다. 나는 종이를 극히 애지중지하고, 나쁘게 말하면 인색하다고도 할 만한 버릇이 있다. 신문지와 함께 배달되는 광고용 전단지와 같은 것을 일일이 모아두고, 대소에 따라 한 장 두 장씩을 내 쓰는 것이 일상사였다. 「독립선언서」 이하 그에 부수되는 모든 글도 4~5매의 광고지를 풀로 붙여 초벌 종이로 사용하였다.

그것을 항아리에 넣어서 지하에 묻어 두었다가, 3~4개월 후에 감옥에서 나와 내보니, 빗물이 스며들어 반은 썩고 반은 덩어리가 져서 문자를 분별할 수 없게 되었다. 글을 짓는 것은 대개 야간을 이용하고, 또 그중에서도 비밀을 요하는 것은 타인이 생각하지 못할 처소를 빌려 쓰기도 했다. 「독립선언서」 이하의 모든 글은 신중에 신중을 기하고 비밀에 비밀을 지킬 필요가 있기에, 인근의 어느 일본인(小澤) 집 중학생의 공부방을 상당한 동안 빌려 아무도 모르게 원만히 작성하였던 것이다.

(근자에 발포되는 「독립선언서」를 열람해 보니 기초 당시의 그것과 간혹 부합하지 않는 데가 몇 곳 보여서 이에 질정하여 원형을 증빙키로 하였다.)[2]

선언서

우리는 이에 우리 조선이 독립한 나라임과 조선 사람이 자주적인 민족임을 선언한다. 이로써 세계 만국에 알리어 인류 평등의 큰 도의를 분명히 하는 바이며, 이로써 자손만대에 깨우쳐 일러 민족의 독자적 생존의 정당한 권리를 영원히 누려 가지게 하는 바이다.

5천년 역사의 권위를 의지하여 이를 선언함이며 , 2천만 민중의 충성을 합하여 이를 두루 펴서 밝힘이며, 영원히 한결같은 민족의 자유 발전을 위하여 이를 주장함이며, 인류가 가진 양심의 발로에 뿌리박은 세계 개조의 큰 기회와 시운에 비추어 함께 나아가기 위하여 이 문제를 내세워 일으킴이니, 이는 하늘의 지시이며, 시대의 큰 추세이며, 전 인류 공동 생존권의 정당한 발동이기에, 천하의 어떤 힘이라도 이를 막고 억누르지 못할 것이다.

낡은 시대의 유물인 침략주의 · 강권주의에 희생되어, 역사 있은 지 몇 천 년 만에 처음으로 딴 민족의 압제에 뼈아픈 괴로움을 당한 지 이미 10년을 지났으니, 그동안 우리의 생존권을 빼앗겨 잃은 것이 그 얼마이며, 정신상 발전에 장애를 받은 것이 그 얼마이며, 민족의 존엄과 영예에 손상을 입은 것이 그 얼마이며, 새롭고 날카로운 기운과 독창력으로써 세계 문화에 이바지하고 보탤 기회를 잃은 것이 그 얼마나 될

---

2 이하 「독립선언서」는 앞서 실은 『조선독립운동소사』에도 실려 있으나, 본 논설의 편제상 그대로 싣는다.

것이냐?

슬프다! 오래 전부터의 억울을 떨쳐 버리면, 눈앞의 고통을 헤쳐 벗어나려면, 장래의 위협을 없애려면, 눌러 오그라들고 사그라져 잦아진 민족의 장대한 마음과 국가의 체모와 도리를 떨치고 뻗치려면, 각자의 인격을 정당하게 발전시키려면, 가엾은 아들딸들에게 부끄러운 현실을 물려주지 아니하려면, 자자손손에게 영구하고 완전한 경사와 행복을 끌어대어 주려면, 가장 크고 급한 일이 민족의 독립을 확실하게 하는 것이니, 2천만의 사람마다가 마음의 칼날을 품어 굳게 결심하고, 인류 공통의 옳은 성품과 이 시대를 지배하는 양심이 정의라는 군사와 인도라는 무기로써 도와주고 있는 오늘날 우리는 나아가 취하매 어느 강자를 꺾지 못하며, 물러가서 일을 꾀함에 무슨 뜻인들 펴지 못하랴?

병자 수호 조약 이후 때때로 굳게 맺은 갖가지 약속을 배반하였다 하여 일본의 배신을 죄주려는 것이 아니다. 그들의 학자는 강단에서, 정치가는 실제에서, 우리 옛 왕조 대대로 닦아 물려온 업적을 식민지의 것으로 보고 문화 민족인 우리를 야만족같이 대우하며, 다만 정복자의 쾌감을 탐할 뿐이요, 우리의 오랜 사회 기초와 뛰어난 민족의 성품을 무시한다 해서 일본의 의리 없음을 꾸짖으려는 것도 아니다. 스스로를 채찍질하고, 격려하기에 바쁜 우리는 남을 원망할 겨를이 없다. 현 사태를 수습하여 아물리기에 급한 우리는 묵은 옛일을 응징하고 잘못을 가릴 겨를이 없다.

오늘 우리에게 주어진 임무는 오직 자기 건설이 있을 뿐이요, 그것은 결코 남을 파괴하는 데 있는 것이 아니다. 엄숙한 양심의 명령으로써 자기의 새 운명을 개척함일 뿐이요. 결코 묵은 원한과 일시적 감정으로써 남을 시새워 쫓고 물리치려는 것이 아니로다. 낡은 사상과 묵은 세력에 얽매어 있는 일본 정치가들의 공명에 희생된, 불합리하고 부자연에 빠진 이 일그러진 상태를 바로잡아 고쳐서 자연스럽고 합리로운 올바르고 떳떳한, 큰 근본이 되는 길로 돌아오게 하고자 함이로다.

탑골공원(서울, 종로)
1919년 3·1운동이 일어났던 곳으로, 사적 제354호로 지정되어 있다. 3·1운동 당시 시민과 학생들이 이곳에서 만세를 외쳤으며 학생 대표가 「독립선언문」을 낭독했던 팔각정이 남아 있다.

당초에 민족적 요구로부터 나온 것이 아니었던 두 나라 합병이었으므로, 그 결과가 필경 위압으로 유지하려는 일시적 방편과 민족 차별의 불평등과 거짓 꾸민 통계숫자에 의하여 서로 이해가 다른 두 민족 사이에 영원히 함께 화합할 수 없는 원한의 구덩이를 더욱 깊게 만드는 오늘의 실정을 보라! 날래고 밝은 과단성으로 묵은 잘못을 고치고, 참된 이해와 동정에 그 기초를 둔 우호적인 새로운 판국을 타개하는 것이 피차간에 화를 쫓고 복을 불러들이는 빠른 길인 줄을 밝히 알아야 할 것이 아닌가?

또 원한과 분노에 쌓인 2천만 민족을 위력으로 구속하는 것은 다만 동양의 영구한 평화를 보장하는 길이 아닐 뿐 아니라, 이로 인하여서 동양의 안전과 위태함을 좌우하는 굴대(軸)인 4억만 지나 민족이 일본에 대하여 가지는 두려워함과 시새움을 갈수록 두껍게 하여, 그 결과로 동양의 온 판국이 함께 넘어져 망하는 비참한 운명을 가져올 것이 분명하니, 오늘날 우리 조선의 독립은 조선 사람으로 하여금 정당한 생존과 번영을 이루게 하는 동시에 일본으로 하여금 그릇된 길에서 벗어나 동양을 붙들어 지탱하는 자의 중대한 책임을 온전히 이루게 하는 것이며, 중국으로 하여금 꿈에도 잊지 못할 괴로운 불안, 공포로부터 탈출케 하는 것이며, 또 동양 평화로 그 중요한 일부를 삼는 세계 평화와 인류 행복에 필요한 단계가 되게 하는 것이다. 이 어찌 사소한 감정상의 문제이리요?

아! 새로운 세계가 눈앞에 펼쳐졌도다. 위력의 시대가 가고 도의의 시대가 왔도다. 과거 한 세기 내내 갈고 닦아 키우고 기른 인도적 정신이 이제 막 새 문명의 밝아오는 빛을 인류 역사에 쏘아 비추기 시작하였도다. 새봄이 온 세계에 돌아와 만물의 소생을 재촉하는구나. 혹심한 추위가 사람의 숨을 막아 꼼짝 못하게 한 것이 저 지난 한때의 형세라 하면, 화창한 봄바람과 따뜻한 햇볕에 원기와 혈맥을 떨쳐 펴는 것은 이 한때의 형세이니, 천지의 돌아온 운수에 접하고 세계의 새로 바뀐 조류를 탄 우리는 아무 주저할 것도 없으며, 아무 거리낄 것도 없도다. 우리의 본디부터 지녀온 권리를 지켜 온전히 하여 생명의 왕성한 번영을 실컷 누릴 것이며, 우리의 풍부한 독창력을 발휘하여 봄기운 가득한 천지에 순수하고 빛나는 민족 문화를 맺게 할 것이로다.

우리는 이에 떨쳐 일어나도다. 양심이 우리와 함께 있으며 진리가 우리와 함께 나아가도다. 남녀노소 없이 어둡고 답답한 옛 보금자리로부터 활발히 일어나 삼라만상과 함께 기쁘고 유쾌한 부활을 이루어 내게 되도다. 먼 조상의 신령이 보이지 않은 가운데 우리를 돕고, 온 세계의 새 형세가 우리를 밖에서 보호하고 있으니 시작이 곧 성공이다. 다만 앞길의 광명을 향하여 힘차게 곧장 나아갈 뿐이로다.

공약 3장

一. 오늘 우리의 이번 거사는 정의 · 인도와 생존과 영광을 갈망하는 민족 전체의 요구이니, 오직 자유의 정신을 발휘할 것이요, 결코 배타적인 감정으로 정도에서 벗어난 잘못을 저지르지 말라.

一. 최후의 한 사람까지 최후의 일각까지 민족의 정당한 의사를 시원하게 발표하라.

一. 모든 행동은 가장 질서를 존중하며, 우리의 주장과 태도를 어디까지나 떳떳하고 정당하게 하라.

조선 건국 4252년 3월 일

조선 민족 대표(손병희 이하 33인 서명)

해제

1. 간행 경위

이 책에서는 최남선의 독립 운동에 관한 글을 세 편 모았다. 모두 해방 후에 발표된 글이다. 『조선독립운동소사(朝鮮獨立運動小史)』는 1946년에 동명사를 통해 단행본으로 출판되었고, 「3·1운동의 사적 고찰」은 1954년 2월에 『현대공론』에 발표되었고, 「3·1운동의 현대사적 고찰」은 1956년 『신세계』 8월호에 발표되었다. 이외에 독립 운동에 관한 글로 「내가 쓴 독립선언서」가 1955년 『새벽』 3월호에 발표되었으나, 이 글은 「3·1운동의 현대사적 고찰」에 그대로 전재되었으므로 이 책에서는 별도로 싣지 않았다. 이밖에도 독립 운동에 관한 논설들이 더 있을 것으로 추측되나 찾지는 못하였다.

『조선독립운동소사』는 해방 후 곧바로 집필을 시작하여 1945년 11월 28일에 탈고하여 이듬해인 1946년 2월 20일에 출판되었다. 『조선독립운동소사』의 구상과 집필은 『국민조선역사』와 떼어 놓고 생각할 수 없다. 최남선은 해방된 후의 새로운 시대와 국가를 위한 한국 통사인 『국민조선역사』를 1945년 11월 20일에 탈고하였다. 그런데 『국민조선역사』 탈고 8일 후에 『조선독립운동소사』가 탈고된 것을 보면, 최남선은 『국민조선역사』와 『조선독립운동소사』를 동시에 집필하고 있었던 것을 알 수 있다.

해방 후의 한국 통사에서 가장 중요한 부분은 일제 시기에는 쓸 수 없었던 독립 운동에 관한 서술이었을 것이다. 그러나 『국민조선역사』에서는 독립 운동에 관한 서술을 제127장에서 〈독립의 싸움〉이라 하여 간략하게 마무리하고 말았는데, 이는 『조선독립운동소사』를 같은 시기에 집필하고 있었기 때문인 것으로 보인다.

『조선독립운동소사』는 1950년에 동명사를 통해 『대한독립운동사』로 제목만 바꾸어 다시 출간되었다. 또한 1973년에 발간된 고려대학교 아세아문제연구소의 『육당최남선전집』 2권에 『조선독립운동사』로 실렸다. 이로 인해 『조선독립운동사』로 인용되는 경우가 많으나, 여기서는 1946년 출간 당시의 원제를 살려 『조선독립운동소사(朝鮮獨立運動小史)』로 하였다.

2. 구성과 내용

『조선독립운동소사』는 급하게 쓴 흔적이 역력하다. 해방 직후에 서둘러야 했던 사정이 반영된 듯하다. 최남선 자신이 서언(敍言)에서 이러한 고충을 밝히고 있다.

조선 독립 운동사는 마땅히 주도면밀한 시설 하에 고수의 대문장을 빌어서 천하와 후손에게 환히 전해야 할 것이지, 나처럼 미숙하고 둔한 사람이 구차하게 두찬(杜撰)할 일은 물론 아니다. 하물며 재료가 전해 있지 못하고 전해들은 게 사실이기 어려운 오늘에 태반을 기억에 힘입는 터에서랴. 그러나 대업(大業)이 바야흐로 이루어지자 그것이 열리고 펴진 연유를 알고자 하는 것은 진실로 국민의 상정(常情)이고, 이에 대한 방편을 나에게 의논하는 이가 적지 않은 것 또한 전생의 인연이 없다 할 수 없다. 이에 급히 간략하게 이 한 편을 만들어서 급한 대로 한때의 수요에 부응할까 한다.

독립 운동에 관한 자료가 충분하지 못하고 전해들은 것조차 사실 확인이 어렵고 태반이 기억에 의존해야 하지만, 해방이 가능했던 연유를 알아야 하므로 급한 대로 수요에 부응하여 출간한다고 밝히고 있다.

이 책이 서둘러 쓰여진 것은 이 책의 구성에서도 나타난다. 각종 자료가 그대로 전재되었기 때문이다. 1876년 강화도 조약 이래 1910년 한일 병합에 이르기까지의 각종 조약문들, 민영환이 자결할 때 쓴 글들, 「독립선언서」를 비롯하여 「일본 정부에 대한 통고」·「윌슨 미대통령에게 보내는 의견서」 등이 원 자료 그대로 실려 있다. 또한 일제 말기 임시정부가 루즈벨트·처칠에게 보낸 선언서와 대일 선전 포고문 등도 거의 전문(全文)으로 실려 있다.

이러한 원 자료의 게재는 최남선이 서둘러 이 책을 썼다는 반증이기도 하지만, 동시에 자료가 그대로 전재됨으로써 이 책이 가지는 가치도 크다. 특히 「일본 정부에 대한 통고」·「윌슨 미대통령에게 보내는 의견서」 등이 최남선 자신의 문장으로 그대로 실려 있는 것은 이 책의 사료적 가치를 높이고 있다.

『조선독립운동소사』는 본문과 부록으로 구성되어 있다. 부록 중에서 특히 눈길을 끄는 것은 「조선독립운동 약연표」이다. 분량으로도 상당한 이 연표는 내용에서도 매우 상세하다. 독립 운동에 관한 것뿐 아니라 일본 측 동향과 국제 정세와 사건이 상세하게 실려 있다. 독립 운동의 전개는 국제 정세와 밀접한 관계가 있다는 최남선의 인식이 반영된 구성으로 보인다.

본문은 제1장 〈병합 과정〉, 제2장 〈3·1운동〉, 제3장 〈임시정부〉로 구성되어 있다. 제1장 〈병합 과정〉에서는 1876년 강화도 조약 이래로 1910년 한일 병합에 이르기까지의 과정이 각종 조약문 중심으로 서술되어 있다. 제2장 〈3·1운동〉에서는 일본의 무단 통치, 1차 세계대전의 발발, 윌슨의 민족 자결주의 등을 3·1운동의 발발 배경으로 설명하고, 3·1운동의 발발과 이후 국내외적 전개, 그리고 임시정부의 수립에 대해 서술하였다. 제3장 〈임시정부〉에서는 임시정부 자체에 대한 서술보다는 3·1운동 이후 1945년까지 국내외에서 전개된 독립 운동에 대한 서술이 중심을 이루고 있다.

본문 구성에도 나타나는 것처럼 최남선의 독립 운동 인식은 3·1운동 중심이다. 본문 중 30% 이상이 3·1운동 서술에 할애된 것으로도 알 수 있다. 이는 3·1운동이 독립 운동사에서 차지하는 의의가 크다는 데에도 이유가 있지만, 자신이 3·1운동의 거사 단계부터 참여하고 「독립선언서」 작성자라는 개인적 이유도 반영된 것으로 보인다.

3·1운동 후의 독립 운동은 민족 운동과 사회 운동으로 나뉘어 전개된 것으로 파악하고 있다. 보다 구체적으로는, 1922년 사회주의 등장 이래 무력 투쟁 중심의 이동휘 계열, 실력 양성 중심의 안창호 계열, 정치·외교 운동 중심의 여운형·이승만 계열로 독립 운동이 전개되었다고 하였다. 최남선은 이 세 계열의 운동 중 안창호 계열을 가장 현실성 있는 운동으로 보았지만, 무력 투쟁 계열의 운동도 평가 절하한 것은 아니었다. 만주에서 활동하던 각종 무장 투쟁 부대를 '조선 의병'으로 표현하면서 특히 1930년대 김일성의 활동을 크게 평가하였다. 김일성은 "만주 정권 항쟁사상에 나타나는 허다한 인물 중 가장 큰 영웅적 표상"으로, 그의 1937년 보천보 전투는 당시로서는 "일대 센세이션을 일으킨 사건"으로 평가하였다.

『조선독립운동소사』가 일제 시기 독립 운동을 3 · 1운동 중심으로 조망했다면, 「3 · 1운동의 사적 고찰」은 한일 관계사 전체에서 3 · 1운동을 조망한 글이다. 대륙과 해양을 잇는 한반도의 지리적 위치로 말미암아 한국은 일본에 문물을 전달하는 입장에 있었고, 일본은 늘 약탈자로서 한국을 보채는 형태로 수천 년 동안 한일 관계가 진행되었다고 하였다.

이런 입장에서 일본과의 관계는 신화 시대부터 평화적인 성격은 아니었고, 고대의 임나(任那)라는 것도 일본이 물자를 획득하기 위해 일종의 무역부 같은 것이 설치된 지역이라 하였다. 고려 말 조선 초기의 왜구의 발호, 중종~명종 연간의 왜란, 선조대의 임진왜란 등 일본의 침략은 간단없이 전개되었고, 한일 병합은 이러한 연장선상에서 반도를 집어삼키려 했던 그들의 음모가 전면적으로 성공한 것이라 하였다. 그러나 3 · 1운동이 일어남으로써 외압에 대한 반발과 자주를 옹호하려는 우리의 전통적인 잠재력이 다시 한 번 발휘되었다고 하였다.

「3 · 1운동의 현대사적 고찰」은 보다 간략한 글로, 앞서의 두 글과 내용상 겹친다. 이 글에서 주목할 것은 '선언서 구상'이라 하여 1955년 새벽 3월호에 실린 「내가 쓴 독립선언서」가 전재된 부분이다. 이 글에는 최남선이 1919년 당시 「독립선언서」를 쓴 원칙이 네 가지로 정리되어 있다.

이 중에서 주목되는 것은 「독립선언서」의 첫 구절인 "우리는 이에 우리 조선이 독립한 나라임과 조선 사람이 자주적인 민족임을 선언한다."에 대한 최남선 자신의 설명이다. 최남선은 당시 독립 운동 지도자들이 중국을 종주국으로 하는 의식에서 벗어나지 못하고 있어 이 점을 본질적으로 부정하기 위해 이 구절을 썼다고 하였다. 지금으로서는 생각하기 어렵지만 당시로서는 중국으로부터의 정신적인 독립, 즉 모화주의와 사대주의로부터 벗어나는 것이 시

급했던 시대적 상황을 보여주는 언급이다.

3. 의의

최남선의 독립 운동에 대한 인식은 크게 두 가지로 살펴볼 수 있다. 하나는 독립 운동은 단합할 때만 가능하다는 것, 다른 하나는 독립 운동은 세계적 추세에 따라 전개되어야 한다는 것이다. 최남선은 『조선독립운동소사』의 서문 말미에 이러한 입장을 압축적으로 표현하였다.

민족 운동에 있어서 단합이 얼마나 복(福)이고, 분열이 얼마나 화(禍) 인지를 족히 여기서 경험하며, 한 민족의 운동이 따로 있는 것이 아니라 실상 전 세계의 시운에 달려 있다는 걸 족히 여기서 증명할 것이다. 이 편(篇)을 손에 드는 이는 이 점에 깊이 마음을 써야 할 것이다.

최남선은 1922년 사회주의 등장 이래 독립 운동은 민족 운동과 사회 운동으로 분열되고, 이러한 분열이 독립 운동 전력을 약화시킨 것으로 보았다. 1927년 신간회 결성으로 민족 운동과 사회 운동이 단일한 전선을 형성한 적도 있지만, 별다른 효과를 보지 못한 것으로 평가하고 있다.

최남선은 한국 역사의 반성할 점으로 "이따금 생겨나는 내부 분열의 관성적 작용이 그때마다 영락없이 국민적 재앙을 가져왔건만, 여기에 대한 반성과 징계가 결여하여 동일한 과오를 되풀이하는 것은 거의 설명하기 어려운 어리석은 모습"이라고 지적한 바 있는데, 이러한 과오가 독립 운동에도 그대로 적용되고 있는 것으로 보았던 것이다.

일제 시기의 독립 운동이 계열별로 분열되어 전개된 것은 사실이므로, 최남선의 이러한 지적은 별달리 특기할 사안은 아니다. 오히려 최남선의 독립 운동사 인식에서 주목해야 할 것은 그의 국제주의적 시각이다. 최남선은 독립 운동은 단순히 한 민족의 개별 운동으로 전개되는 것이 아니라는 입장을 처음부터 끝까지 견지하였다. 즉 세계적 추세와 발맞추어 전개되어야 한다는 것이다.

이러한 입장은 3·1운동에 대한 평가에서 잘 드러난다. 최남선은 3·1운동을 중시했지만, 3·1운동의 한계도 지적하였다. 기본적으로 만세 운동이며 비무장 운동이며 선전 본위의 운동이라고 했다. 이로 인해 3·1운동은 세계의 동정을 구하는 이상은 될 수 없는 한계를 지니고 있다고 했고, 따라서 베르사이유 강화 조약으로 3·1운동은 끝을 맺었다고 하였다.

그럼에도 불구하고 3·1운동은 국제 정세와 연관된 독립 운동이라는 점에서 민족사적으로 매우 중대한 의미가 있다고 하였다. 3·1운동이야말로 세계적인 조류와 합일한 최초의 민족 운동이자 독립 운동이었다는 것이다. 조선인 자신이 자진하여 세계의 대세를 인식하고 의미를 파악하여 전개한 것이 3·1운동이고, 그 점에서 3·1운동의 사상적 의의는 대서특필되어야 한다고 하였다.

최남선에게는 독립 운동뿐 아니라 한국 역사가 세계적 추세에 맞추어 전개되어야 했다. 조선 말기 국제적 시류를 따라가지 못해 국권을 상실한 뼈아픈 경험이 있으므로 이후 같은 실패를 반복해서는 안 된다는 역사 인식이 강하게 나타난다. 이러한 측면에서 『조선독립운동소사』를 "세계는 하나이다. 조선은 구원(久遠)하다." 라는 문장으로 끝맺음한 것은 의미심장하다.

최남선 한국학 총서를 내기까지

현대 한국학의 기틀을 마련한 육당 최남선의 방대한 저술은 우리의 소중한 자산이다. 그러나 세월이 상당히 흐른 지금은 최남선의 글을 찾아보는 것도 읽어내는 것도 어려워졌다. 난해한 국한문 혼용체로 쓰여진 그의 글을 현대문으로 다듬어 널리 읽히게 한다면 묻혀 있던 근대 한국학의 콘텐츠를 되살려 현대 한국학의 발전에 기여할 것이었다.

이러한 취지에 공감하는 연구자들이 2011년 5월부터 총서 출간을 기획했고, 7월에는 출간 자료 선별을 위한 기초 작업을 하고 해당 분야 전공자들로 폭넓게 작업자를 구성했다. 본 총서에 실린 저작물은 최남선 학문과 사상에서의 의의와 그 영향을 기준으로 선별되었고 그의 전체 저작물 중 5분의 1 정도로 추산된다.

2011년 9월부터 윤문 작업을 시작했고, 각 작업자의 윤문 샘플을 모아 여러 차례 회의를 통해 윤문 수위를 조율했다. 본격적인 작업이 시작된 지 1년 후인 2012년 9월부터 윤문 초고들이 들어오기 시작했고 이를 모아 다시 조율 과정을 거쳤다. 2013년 9월에 2년여에 걸친 총 23책의 윤문을 마무리했다.

처음부터 쉽지 않은 작업이리라 예상했지만 실제로 많은 고충을 겪어야 했다. 무엇보다 동서고금을 넘나드는 그의 박학함을 따라가는 것이 쉽지 않았다. 현대 학문 분과에 익숙한 우리는 모든 인문학을 망라한 그 지식의 방대함과 깊이, 특히 수도 없이 쏟아지는 인용 사료들에 숨이 턱턱 막히곤 했다.

최남선의 글을 현대문으로 바꾸는 것도 쉽지 않았다. 국한문 혼용체 특유의 만연체는 단문에 익숙한 오늘날 독자들에게는 익숙하지 않았다. 그렇다고 문장을 인위적으로 끊게 되면 저자 본래의 논지를 흐릴 가능성이 있었다. 원문을 충분히 숙지하고 기술상 난해한 부분에 대해서는 수차의 토의를 거쳐 저자의 논지를 쉽게 풀어내기 위해 고심했다.

많은 난관에 부딪쳤고 한계도 절감했지만, 그래도 몇 가지 점에서는 이 총서의 의의를 자신할 수 있다. 무엇보다 전문 연구자의 손을 거쳐 전문성을 확보했다는 것이다. 특히 최남선의 논설들을 현대 학문의 주제로 분류 구성한 것은 그의 학문을 재조명하는 데 도움이 될 것으로 본다. 또한 이 총서는 개별 단행본으로 구성되었다는 것이다. 총서 형태의 시리즈물이어도 단행본으로서의 독립성을 유지하여 보급이 용이하도록 했다. 우리들의 노력이 결실을 맺어 이 총서가 널리 읽히고 새로운 독자층을 형성하게 된다면 더 바랄 나위가 없겠다.

2013년 10월
옮긴이 일동

이영화

서강대학교 사학과 졸업
한국학중앙연구원 한국학대학원 역사학과 졸업(문학박사)
현 데이터밸류 소장

• 주요 논저
『최남선의 역사학』(2003)
『테마로 읽는 우리 역사』(2004)
『영토한국사』(공저, 2006)
「북한 역사학의 학문체계와 연구동향」(2007)
「일제시기 단군을 둘러싼 한일간의 공방」(2010)

최남선 한국학 총서 19

조선독립운동사

초판 인쇄 : 2013년 12월 25일
초판 발행 : 2013년 12월 30일

지은이 : 최남선
옮긴이 : 이영화
펴낸이 : 한정희
펴낸곳 : 경인문화사
주　소 : 서울특별시 마포구 마포동 324-3
전　화 : 02-718-4831~2
팩　스 : 02-703-9711
이메일 : kyunginp@chol.com
홈페이지 : http://kyungin.mkstudy.com

값 10,000원
ISBN 978-89-499-0986-8　93910